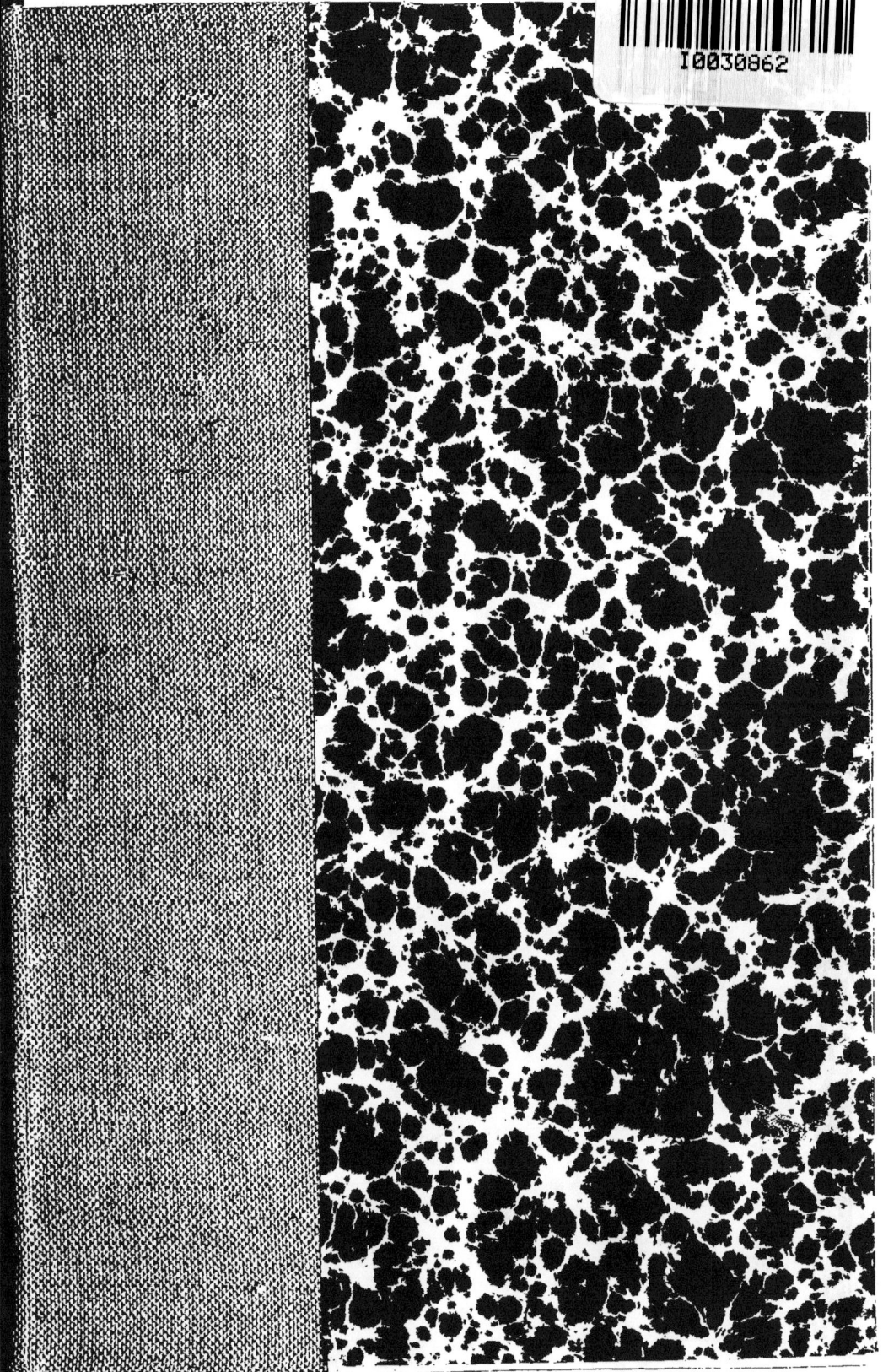

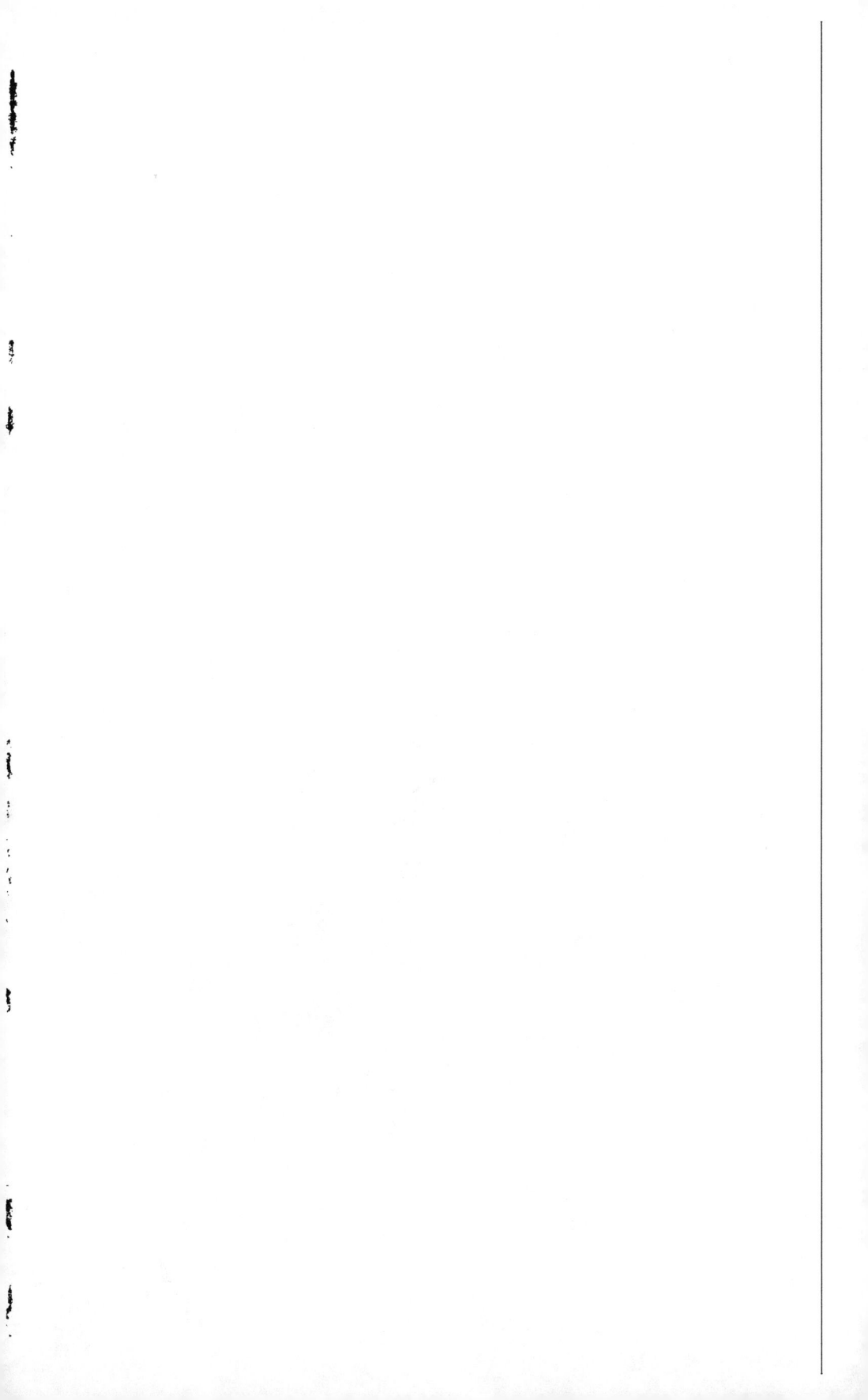

UNIVERSITÉ DE TOULOUSE — FACULTE DE DROIT

DU

DROIT DE RETOUR LÉGAL

DE L'ASCENDANT DONATEUR

En Droit Français (art. 747 C. civil)

⋘◇⋙

THESE POUR LE DOCTORAT

PAR

JOSEPH VERNET

Avocat

TOULOUSE
IMPRIMERIE SAINT-CYPRIEN
27, ALLÉES DE GARONNE, 27

1900

DU DROIT DE RETOUR LÉGAL

DE L'ASCENDANT DONATEUR

En Droit Français (art 747 C. civil)

UNIVERSITÉ DE TOULOUSE — FACULTÉ DE DROIT

DU

DROIT DE RETOUR LÉGAL

DE L'ASCENDANT DONATEUR

En Droit Français (art. 747 C. civil)

THÈSE POUR LE DOCTORAT

PAR

Joseph VERNET

Avocat

TOULOUSE
IMPRIMERIE SAINT-CYPRIEN
27, ALLÉES DE GARONNE, 27

1900

FACULTÉ DE DROIT DE TOULOUSE

MM. PAGET, ☼, Doyen, professeur de Droit romain.
DELOUME, ☼, professeur de Droit romain.
CAMPISTRON, professeur de Droit civil.
WALLON, professeur de Droit civil.
BRESSOLLES, professeur de Procédure civile.
VIDAL, professeur de Droit criminel.
HAURIOU, professeur de Droit administratif.
BRISSAUD, professeur d'Histoire générale du Droit.
ROUARD de CARD, professeur de Droit civil.
MÉRIGNHAC, professeur de Droit international public et privé.
TIMBAL, professeur de Droit constitutionnel.
DESPIAU, professeur de Législation française des finances et de Législation et Economie industrielles.
HOUQUES-FOURCADE, professeur d'Economie politique.
FRAISSAINGEA, professeur de Droit commercial.
MARIA, agrégé, chargé des Cours d'histoire du Droit public français et histoire des doctrines économiques.
GHEUSI, agrégé, chargé des Cours de Droit Maritime et de Droit Civil comparé.
HABERT, secrétaire.
HUC, ☼, professeur honoraire.
POUBELLE, O. ☼, professeur honoraire

Président de la Thèse : M. DELOUME, ☼.

Suffragants { MM. CAMPISTRON. TIMBAL.

La Faculté n'entend approuver ni désapprouver les opinions particulières du candidat.

A la mémoire de ma Mère

~~~~~~~

A MON PÈRE

~~~~~~~

A MA SŒUR

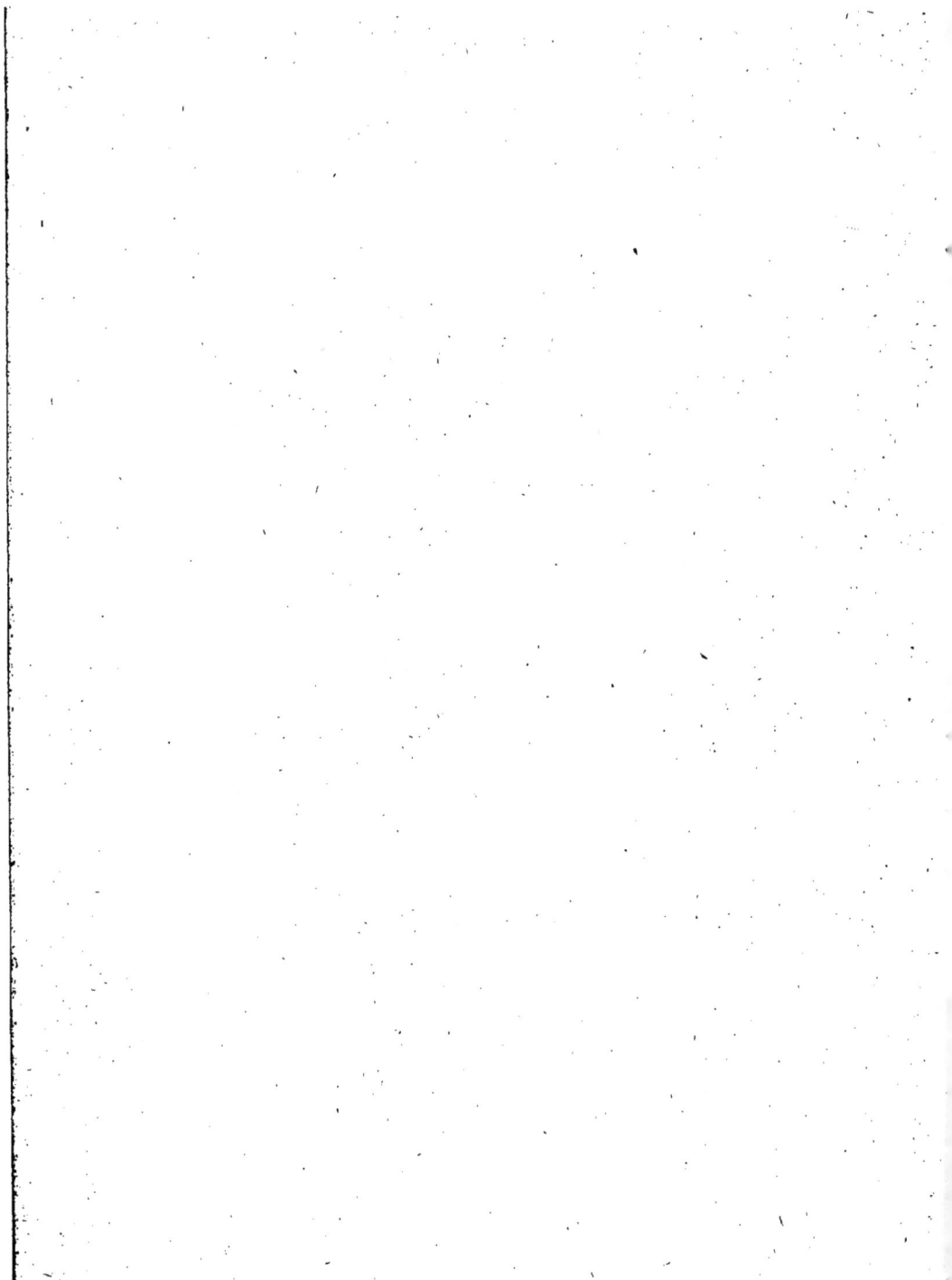

BIBLIOGRAPHIE

ACCARIAS. — *Précis de Droit romain*, 4ᵉ édition. Paris, 1886-1891.

AMIAUD. — *Traité de Notariat*, t. V. Paris, 1898.

AUBRY et RAU. — *Cours de Droit civil*, t. VI. 1879.

BAUDRY-LACANTINERIE. — *Précis de Droit civil*, t. II, 2ᵉ édition. Paris, 1898.

BEAUMANOIR. — *Les Coutumes de Beauvoisis*. Paris, 1842.

BENOIT. — *De la Dot.* Grenoble. 1829.

BEZY. — *Revue de Droit français et étranger*. 1847.

CHABOT. — *Commentaire sur la loi des successions*. Paris, 1818.

COIN-DELISLE. — *Etude sur l'art. 747*, rev. critiq., tt. IX et XI. 1857.

DELVINCOURT. — *Cours de Droit civil*, t. II. 1824.

DEMANTE. — *Cours analytique du Code Napoléon.* annoté par Colmet de Santerre, t. III. Paris, 1883.

DEMOLOMBE. — *Cours du Code Napoléon : Traité des successions*, t. XIII.

DIDIER-PAILHÉ. — *Cours élementaire de Droit romain*. Paris, 1887.

FENET. — *Travaux préparatoires du Code civil*. Paris, 1827.

FURGOLE. — *Traité des testaments, codiciles, donations et autres dispositions de dernière volonté.* Paris, 1745.

GRENIER. — *Traité des Donations et des Testaments.* Paris, 1812.

LAURENT. — *Traité des Successions*, t. IX.

LEBRUN. — *Traité des Successions.* Paris, 1775.

LEHR. — *Droit civil anglais.* 1885. — *Droit civil germanique,* 1875. — *Droit civil russe.* 1875. — *Droit civil espagnol.* 1890.

MARCADÉ et PAUL PONT. — *Explication théorique et pratique du Code civil.*

MASSÉ et VERGÉ. — *Droit civil français.* Paris, 1860.

MERLIN. — *Répertoire universel et raisonné de Jurisprudence.* Paris, 1827.

MOURLON. — *Répétitions écrites sur le Code civil,* t. II ; 11e édition revue et mise au courant par Demangeat. Paris, 1881.

PANDECTES. — *Donations et Testaments.* Paris, 1890.

POTHIER. — Œuvres annotées par Bugnet. Paris.

ROUSSILHE. — *Traité de la Dot.* Paris, 1856.

TOULLIER — *Droit civil français.* 1843.

TROPLONG. — *Donations entre vifs.* 1864.

VAZEILLE. — *Résumé et conférence des commentaires du Droit civil sur les successions,* n° 3, 1837.

VERNET. — *Traité de la Quotité disponible.* Paris, 1855.

INTRODUCTION

En principe, la donation entre vifs transfère au donataire la propriété définitive et irrévocable de la chose donnée (art. 894, C. c.).

Celui-ci la détient désormais dans son patrimoine au même titre que ses autres biens et la transmet avec eux à ses héritiers, même s'il vient à mourir du vivant du donateur.

Toutefois, il est assez fréquent dans les contrats de cette nature de trouver une dérogation à ce principe, et dans l'acte de donation est insérée une clause permettant au donateur de reprendre les biens donnés, en cas du prédécès du donataire; c'est la clause du retour conventionnel autorisée par l'article 951 du Code civil, ainsi conçu : « Le donateur pourra stipuler le droit de retour des objets donnés soit pour le cas de prédécès du donataire seul, soit pour le cas du prédécès du donataire et de ses descendants. Ce droit ne pourra être stipulé qu'au profit du donateur seul. »

Ce retour conventionnel n'est autre chose qu'une convention affectée d'une condition résolutoire, et la condition, ici, c'est le prédécès du donataire. Si la condition résolutoire se réalise, elle résout rétroactivement le droit du donataire (art. 1183, C. civ.).

L'objet donné est replacé dans le patrimoine du donateur, libre de tous droits, aliénations, constitutions de droits réels consentis sur lui par le donataire depuis la donation. C'est le droit commun sur l'effet de la condition résolutoire tel qu'il est réglé par l'article 1183 du Code civil, précité.

Tout donateur, fût-il étranger par rapport au donataire, fût-il son ascendant, peut ainsi modifier par la clause du retour conventionnel l'effet irrévocable de l'aliénation : tout donateur, disons-nous, fût-il l'ascendant du donataire, et quelquefois, en effet, le père qui constitue une dot à sa fille par contrat de mariage stipule le retour conventionnel pour le cas où sa fille mourrait avant lui sans postérité. Une pareille convention produit au profit de l'ascendant donateur les effets d'un contrat sous condition résolutoire.

Mais, dans la pratique, un ascendant répugnera presque toujours à recourir à cette disposition de l'article 951 ; il ne stipulera pas le retour, peut-être pour éviter de prévoir dans un acte authentique un évènement que le cours ordinaire de la nature ne permet pas de supposer, peut-être surtout pour ne pas affecter sa donation d'une modalité qui en diminuerait nécessairement l'importance. Son intention, par exemple, est de procurer à son enfant un établissement utile ; s'il ne lui transmet qu'un droit soumis à une condition résolutoire, les tiers n'auront qu'une faible sécurité, et, redoutant les effets d'une révocation éventuelle, ils se refuseront en général à traiter avec le nouveau propriétaire.

Aussi, le plus souvent, le père de famille ne fera qu'une donation pure et simple, sans restriction aucune ni clause expresse de retour. Que, dans ces conditions, l'enfant donataire vienne à prédécéder et alors ce père se trouvera, d'après le droit commun, complètement exclu de la succession au bien donné, ou tout au moins obligé peut-être de subir le concours de cohéritiers d'une autre ligne.

C'est là une situation choquante que le législateur, avec juste raison, a eu soin de prévenir ; il a suppléé au silence de l'ascendant en instituant en sa faveur un droit de retour légal, un droit attribué d'office par la loi même et indépendant d'une stipulation formelle.

L'article 747 du Code civil, qui l'établit, est ainsi conçu : « Les ascendants succèdent, à l'exclusion de tous autres, aux choses par eux données, à leurs enfants ou descendants décédés sans postérité, lorsque les choses données se retrouvent en nature dans la succession. — Si les objets ont été aliénés, les ascendants recueillent le prix qui peut en être dû. Ils succèdent aussi à l'action en reprise que pouvait avoir le donataire. »

Telle est la disposition qui va faire l'objet de notre étude.

CHAPITRE PREMIER

―――

Historique.

L'origine du retour successoral établí par l'article 747 du Code civil remonte à la dot profectice du droit romain. Il importe donc de préciser le caractère de cette dot et de déterminer la nature de la réversion dont elle était susceptible.

SECTION PREMIÈRE

DROIT ROMAIN

A Rome, sous la période classique, la dot prenait différents noms suivant la qualité des constituants.

Elle s'appelait « profectice » lorsqu'elle émanait du père ou d'un ascendant paternel. *Profectitia dos est quæ a patre vel parente profecta est* (1).

―――――

(1) L. 5, princip. Dig., *De Jure Dotium*, xxiii, 3. — L. 4, C., Sol, *matr.*, v, 18.

Elle s'appelait « adventice » si elle provenait de toute autre personne que le père ou cet ascendant paternel *a quovis alio data* (1) lorsque, par exemple, le constituant était un ascendant maternel, un étranger ou la personne elle-même.

Telle est la distinction établie par Ulpien.

L'intérêt qu'il y avait à distinguer, ces deux espèces de dot, apparaît uniquement au point de vue de la restitution qui devait se produire, lorsque survenait la dissolution du mariage.

Le mariage cessait-il par le divorce ou le prédécès du mari ? La dot, qu'elle fût profectice ou adventice, ne restait pas entre les mains du mari ou de ses héritiers, elle était rendue à la femme (2).

Le mariage cessait-il par le prédécès de la femme, le mari gardait en toute propriété la dot adventice, à moins, toutefois, que le constituant n'eût stipulé sa restitution, auquel cas elle s'appelait « réceptice »... *Adventitia dos semper penes maritum remanet præterquam, si is qui dedit, ut sibi redderetur, stipulatus fuit ; quæ dos specialiter receptitia vocatur* (3), mais il devait toujours restituer la dot profectice au père ou à l'aïeul paternel, sans que celui-ci ait eu besoin de demander cette restitution par une stipulation formelle.

(1) Ulp., frag., t. 6, *De Dotibus*, § 3.
(2) *Id.*, § 6.
(3) Ulp., frag., t. 6, *De Dotibus*, § 5.

Ainsi donc, lorsque la femme venait à mourir pendant le mariage, la dot venue du père retournait au père : c'est à cette disposition de la législation romaine que remonte l'introduction dans notre Code du retour successoral.

Pourquoi le retour légal a-t-il été établi en droit romain ?

Pomponius nous en donne une raison singulière (1). La loi, nous dit ce jurisconsulte, désireuse de venir au secours du père attristé de la mort de sa fille, a voulu lui éviter le nouveau chagrin de perdre les biens qu'il avait constitués en dot à son enfant prédécédé : *ne et filiæ amissæ, et pecuniæ damnum sentiret* (2).

Nous aimons mieux un second motif formulé dans une constitution des empereurs Théodose et Valentinien : il ne faut pas, nous disent ces empereurs, que les libéralités du père soient entravées par la crainte pour ce dernier de voir les biens, par lui donnés, passer en des mains étrangères (3). Il n'y a donc dans cette disposition qu'un encouragement donné aux ascendants dans la voie de la générosité.

On s'est demandé si le droit de retour ne fut pas plutôt une conséquence de la puissance paternelle

---

(1) Accarias, *Précis de Droit romain.* p. 775, note 2.
(2) L. 6, D., *De Jure Dotium*, XXIII, 3.
(3) L. 2, C., *De bonis quæ liberis*, VI-LXI.

qu'un avantage attaché à la qualité même de père et d'aïeul paternel.

La loi 4 au Code, *Soluto matrimonio*, liv. V, t. XVIII, semblerait décider en faveur de la première opinion : elle ne parle en effet que du cas où la fille morte pendant le mariage était encore en puissance : *Dos a patre profecta, si in matrimonio decesserit mulier filiafamilias, ad patrem redire debet.*

Mais ce texte est loin d'être probant ; si l'empereur Alexandre s'est servi de l'expression *filiafamilias*, c'est sans doute que dans l'espèce à laquelle il fait allusion, il s'agissait d'une fille non émancipée.

Par contre, bon nombre d'autres textes se prononcent en faveur de la deuxième opinion. Notamment la loi 5 *de jure dotium* l'atteste positivement : *Si pater pro filia emancipata dotem dederit, profectitiam nihilominus dotem esse nemini dubium est.*

Les lois 59 *solut. matr.*, *Dig.* l. 24, tit. III, — 5 *de divortiis et repudiis*, *Dig.* liv. 24, t. II, et d'autres encore reconnaissent à la dot le caractère de profectice, alors même qu'elle était donnée à une fille émancipée.

Nous pensons donc que le retour légal fut plutôt une prérogative attachée à la qualité de père et à l'appui de notre opinion, qu'il nous suffise de citer un texte d'Ulpien qui nous paraît irréfutable : *Quia non jus potestatis*, nous dit ce jurisconsulte, *sed parentis nomen dotem profectitiam facit* (1).

Peu importe donc que la fille morte dans les liens du mariage soit encore sous la puissance de l'ascendant dotateur ou soit émancipée, peu importe aussi que la dot ait été constituée à une fille émancipée ou à une fille en puissance émancipée depuis ; dans tous ces cas, la dot ne cesse pas d'être profectice et fait retour au constituant qui jouit à cet effet de l'action *rei uxoriæ*.

Si nous recherchons quels ascendants jouissent de ce droit, Ulpien nous répond qu'il appartient à tout ascendant paternel mâle, donateur de la dot, tout aussi bien qu'au père, *quæ a patre vel a parente profecta est.*

Et par ce terme, *pater*, il faut comprendre aussi le père adoptif. C'est ce que nous dit formellement Julien : *Adoptivum quoque patrem, si ipse dotem dedit, habere ejus repetitionem* (2).

Il n'était pas accordé à la mère, à l'aïeule maternelle et aux ascendants maternels que l'on traitait en cette matière comme des étrangers. Si ces personnes voulaient redevenir propriétaires de la chose donnée en dot, elles devaient, par une stipulation formelle, se faire promettre la restitution.

(1) L. 5, § 2, D., xxiii, 3.
(2) L. 5, § 13, D., xxiii, 3.

On a cependant prétendu que dans la dernière période du droit romain, le législateur avait assimilé au point de vue du droit de retour les ascendants maternels aux ascendants paternels. C'est l'opinion de La Rouvière qui s'appuie sur les Constitutions 2 et 3 au Code *de bonis quæ lib. ris* 6-61 et 12 Code *communia utruiusque* 3-38 (1).

Mais nous sommes obligé de constater que ces textes ne donnent nullement cette solution.

Il existe, au contraire, une Constitution de Léon (2), qui nous dit formellement que les biens donnés ne retournent pas à la mère comme ils retournent au père. Et Merlin vient corroborer cette opinion, en déclarant que l'usage seul a attribué le droit de retour à la mère dans les pays de droit écrit (3).

Deux conditions sont nécessaires à l'exercice du retour :

1° Il faut que la dot soit *profectice*, c'est-à-dire que le donateur soit un ascendant paternel ;

2° Que la femme dotée soit morte *constante matrimonio*, pendant le mariage.

Nous avons dit, plus haut, quelle portée il fallait donner au mot ascendant paternel.

(1) La Rouvière, *Traité du droit de retour*, l. 1 ch. III.
(2) Constitut. XXV, *In medio Leonis Novellæ Constitutiones.*
(3) V° Reversion, sect. I, § 1, art. 1, n° 2.

Un aïeul paternel qui a constitué une dot à sa fille peut-il exercer le droit de retour sur les biens donnés, lorsque le père existe lui aussi au moment du décès de la fille? Cette question posée dans deux textes est résolue en sens opposé par deux auteurs de l'école des Proculéiens : Labéon et Celsus.

Dans le premier de ces textes, Labéon refuse le retour au père en se rangeant au sentiment de Servius, et le motif, c'est que la dot ne peut être regardée comme provenant de lui : *Avus neptis nomine filio natœ, genero dotem dedit, et moritur. Negat Servius, dotem ad patrem reverti : et ego cum Servio sentio, quia non potest videri ab eo profecta, quia nihil, ex his sui habuisset* (1).

Dans le second, au contraire, Celse n'hésite pas à accorder au père le droit de retour : *Dotem quam dedit avus paternus, an post mortem avi mortua in matrimonio filia, patri reddi oporteat, quæritur? Ocurrit œquitas rei, ut quod pater meus propter me filiae meœ nomine dedit, proinde sit, atque ipse dederim : quippe officium avi circa neptem ex officio patris erga filium pendet, et quia pater filiae, ideo propter filium nepti dotem dare debet* (2).

Y a-t-il divergence entre ces deux textes? De prime abord, on peut être tenté de le croire. Pothier l'a même pensé ainsi, puisqu'il nous donne une explication : Labéon, dit-il, s'est fondé sur les principes ri-

_____

(1) L. 79, D., *De Jure Dotium*, XXIII, 3.
(2) L. 6, D., *De Collatione Bonorum*, XXXVII, 6.

goureux du droit. Celsus, au contraire, a basé sa décision sur l'équité.

Avec la majorité des auteurs, nous ne croyons pas
devoir partager l'opinion de Pothier et, à notre avis,
la divergence n'existe pas, car les deux Jurisconsultes romains ont statué sur deux hypothèses différentes ; c'est ce qu'il est permis de constater en rapprochant avec soin les deux textes.

Dans la loi 6, l'aïeul a doté sa petite-fille, en vue
de décharger le père de l'obligation qui lui incombait de doter sa fille ; nous savons, en effet, qu'en
vertu de la Constitution de Sévère et Antonin, la fille
avait une action contre son père pour le contraindre
à lui fournir une dot. Celsus a donc raison de décider
ici que la dot ainsi fournie à cause du fils doit faire
retour à l'aïeul.

Dans la loi 79, au contraire, l'aïeul a doté sa fille
par affection pour elle, et sans songer nullement à
décharger son fils d'une obligation ; en conséquence,
il est juste de décider avec Labéon que cette dot ne
saurait lui faire retour.

Il faut, avons-nous dit, comme deuxième condition
à l'exercice du retour, que la femme soit morte *constante matrimonio* dans les liens du mariage.

Quelquefois, les maris avaient empêché par fraude
cette dernière condition de se réaliser. Julien nous
montre un mari répudiant sa femme émancipée et
malade, afin d'avoir à restituer la dot à ses héritiers
plutôt qu'à son père ; mais Sabinus accorde dans ce-

cas une action utile au père frauduleusement dépouillé.

Ulpien venait également au secours du père, que sa fille émancipée avait privé du droit de retour en divorçant dans le but de faire acquérir la dot à son mari (1).

La femme, enfin, qui avait été prise par les ennemis et était morte en captivité, était considérée comme morte pendant le mariage, toujours pour permettre l'exercice du droit de retour.

Quid, si la femme en mourant laisse une postérité ? La présence d'enfants nés du mariage n'est-elle pas un obstacle au retour ? Ulpien nous apprend que dans cette hypothèse, la restitution n'était pas totale et qu'on opérait une retenue *retentio* au profit des enfants : La dot retourne au père, dit-il. *Quintis in singulos liberos in infinitum relictis penes virum* (2).

Nous lisons de même dans les *Vaticana fragmenta : Paulus respondit patrem dotem a se profectam, deductis quintis singulorum liberorum nomine repetere posse* (3).

Le père donc ne peut réclamer la dot que sous la déduction d'autant de cinquièmes qu'il y a d'enfants sans limitation. En conséquence, s'il y a un enfant, le mari gardera un cinquième, s'il y en a trois, il

---

(1) L. 5, D., *De divortiis et repudiis*, XXIV, 2.
(2) Ulp., Reg. VI, §§ 4 et 10.
(3) *Fragmenta vaticana*, § 108.

prendra trois cinquièmes, s'il y en a cinq, il gardera
la dot tout entière et le père n'aura droit à rien (1).

Si on se demande sur quelles choses pouvait porter
le retour, on voit qu'il s'appliquait aux meubles et
aux immeubles. Nous trouvons en effet dans les textes, les mots *dos, donatio ante nuptias*, employés
d'une manière générale sans distinction aucune, relativement à la nature des biens qui pouvaient les
composer.

Quant aux effets de ce droit, ils sont les mêmes
que ceux produits par une stipulation expresse. Le
droit de retour reposait sur une stipulation tacite
ainsi que cela résulte de la loi unique au Code *de rei
uxoriæ*, § 13 où Justinien le dit formellement : *Parenti enim tacita ex stipulatione actionem damus*. Il
devait donc comme la stipulation expresse résoudre
les aliénations et anéantir les hypothèques consenties sur les biens donnés (2).

Le droit de retour fut longtemps limité à la dot ;
mais une constitution de Théodose et Valentinien en
428 l'étendit à toutes les donations *propter nuptias* (3).

---

(1) *Nota* : Cujas n'interprète pas le texte d'Ulpien de cette façon ;
d'après lui, le mari ne retiendra qu'un cinquième de la dot, quel
que soit le nombre d'enfants : Cujas, *Comment. in tit. XIII de rei
uxoriæ*, lib. v, *Code ad* § *Illo proculdubio*.

(2) Loi Julia, *De adult. et fund. dot.* — Paul, *Sentent.*, liv. 2,
tit. 21, § 2. — Gaïus, *Comment. 2*, §§ 62 et 63. — *Constit.* de Jus-
tin, loi unique, § 15. — *Code de rei uxor. act.*, liv. 5, tit. 13.

(3) Const. 2, *C. de bonis quæ liberis*, l. 6, t. LXI.

Enfin, au neuvième siècle, l'Empereur Léon le Sage dans sa Novelle 25 se référant à des lois antérieures que nous ne connaissons pas, *nos itaque pristinam legum hac de re auctoritatem renovantes*, est venu étendre le droit de retour à toute donation simple faite par un ascendant en faveur d'un descendant. Mais, s'il élargit sur ce point, le domaine de la réversion légale, il le restreint, sur un autre, en exigeant que le donataire soit mort sans postérité : *Si filius liberis orbetur, donum, quod illi a patre processerit, ad donatorem oportere reverti*, restriction qui a été admise par la législation française, ainsi que nous le verrons plus tard.

Comme dans les législations antérieures, la Constitution de Léon, tient à l'écart la mère et les ascendants maternels : *quod vero a matre vel ab extraneo quopiam donatum filius habet, non item, nisi reverti debere id donatores pacto complexi sint.*

SECTION II

ANCIEN DROIT

Du droit romain, le droit de retour passa dans notre législation coutumière sous le nom de droit de de réversion ; mais on lui trouve une physionomie toute différente, selon qu'on se place pour l'étudier dans les pays de droit écrit ou dans les pays de Coutume.

Dans les premiers, il garde le caractère de son origine romaine ; dans les seconds, il en revêt un nouveau.

§ I. — Pays de droit écrit.

Dans les pays de droit écrit, le droit de retour nous apparaît tel que nous l'avons trouvé dans la période du Bas-Empire avec la Novelle 25 de l'empereur Léon ; il s'exerce non seulement à l'égard des constitutions de dot émanant du père ou de l'ascendant paternel, mais encore à l'égard des donations simples de toutes les libéralités, émanant de ce père ou de cet ascendant paternel.

Toutefois, si cette Novelle 25 semble avoir servi de base à la jurisprudence des Parlements méridionaux, elle n'a pas été toujours scrupuleusement suivie ; ceux-ci lui ont donné très souvent une notable extension, en augmentant le nombre des personnes qui, d'après l'empereur Léon, pouvaient prétendre au droit de retour ; ainsi, tandis que la législation romaine n'accordait ce droit qu'au père et à l'aïeul paternel, les Parlements de Toulouse, d'Aix et de Bordeaux en faisaient aussi bénéficier la mère, l'aïeule paternelle et les ascendans maternels (1).

Le Parlement de Grenoble (2), leur refuse au contraire cette faveur.

(1) Arrêt du Parlement de Bordeaux du 18 juillet 1613. — Catellan, liv. 5, ch. viii. — Larocheflavin au mot retour. — Automne, art. 64, Cout. de Bordeaux.

(2) Arrêt du Parlement de Grenoble du 3 décembre 1638. — Bretonnier sur Henrys, liv. 8, ch. v, quest. 30.

Quant aux collatéraux, ils sont exclus excepté cependant dans le Parlement de Toulouse, qui accorde la réversion aux frères et sœurs, oncles et tantes (1); partout ailleurs, on les tient à l'écart, à moins qu'ils n'aient stipulé à leur profit une clause expresse de retour; une stipulation semblable est nécessaire pour que les étrangers puissent prétendre à ce droit.

Le père naturel pouvait-il l'exercer? La question avait été agitée et les anciens auteurs ne sont pas d'accord sur la solution à admettre. Ferrière et Cambolas exigeaient une stipulation en argumentant d'une part sur ce que le père naturel n'était nullement obligé de fournir une dot à sa fil.e et, d'autre part, sur ce que le droit de retour était une conséquence de la puissance paternelle (2).

Tel n'était pas l'avis de Bretonnier et d'Henrys. D'après eux, c'est à la qualité de père et non à la puissance paternelle que doit se rattacher le droit de réversion (3).

On s'est demandé aussi pendant longtemps si les donateurs ne devraient pas être préférés aux enfants du donataire; un édit de Provence rendu en 1456 est

---

(1) Ferrière sur Duranty, quest. 1. — Cambolas, liv. 1, ch. V. — D'Olive, liv. 5, ch. VII. — Bretonnier, *Recueil des princ. quest. de droit*, v° Retour, p. 320.

(2) Ferrière sur Duranty, quest. 1. — Cambolas, liv. 1, ch. V. — Renusson, *Traité des Propres*, ch. II, sect. XIX, n° 15, cite un arrêt du 15 septembre 1585, qui refuse le droit de retour au père naturel.

(3) Bretonnier sur Henrys, liv. 6, ch. V, quest. 30.

venu trancher la question en soumettant l'exercice
du retour à la condition du prédécès du donataire
sans enfants.

Mais que décider si le donataire meurt en laissant
des descendants et si ces enfants meurent ensuite
sans laisser eux-mêmes une postérité, mais avant le
donateur. Le droit de retour ne prend-il pas naissance au profit de ce dernier ? Grande fut la controverse et diverses furent les solutions admises.

D'après certains auteurs, entre autres Merlin (1),
l'aïeul ne pouvait reprendre les biens donnés parce
que ces biens étaient passés à ses petits-fils et avaient
suivi ainsi leur cours naturel de dévolution : deux
arrêts du Parlement d'Aix du 23 novembre 1609 et du
10 mai 1635 ainsi qu'un arrêt du Parlement de Grenoble du 26 août 1633 se prononcèrent dans ce sens.

D'autres jurisconsultes, au contraire, parmi lesquels Lebrun (2) invoquant une raison d'équité voulaient placer l'aïeul dans la situation où il aurait été,
si les petits-enfants étaient décédés avant le donataire et lui accordaient, pour ce motif, le retour. Les
Parlements de Toulouse et de Bordeaux (3) ainsi
que le Parlement de Paris (4) adoptèrent cette
solution. Le Parlement d'Aix, saisi de nouveau

---

(1) Merlin, vᵒ Réversion.

(2) Lebrun, *Success.*, liv. 1, chap. v, sect. ii. 32, 33, 34. — Voir
Roussilhe, *Traité de la dot*, pp. 532 et 533.

(3) Cambolas, liv. 1 ch., v. — Maynard, liv. v, ch. xcix et liv. 9,
chap. xvi.

(4) Bretonnier sur Henrys, liv. 6, quest. 8 et 30.

de la question en 1638, ne voulut pas se prononcer et renvoya les parties devant le roi. — A
Marseille, on trouve un terrain de conciliation en
accordant à l'aïeul le retour pour moitié et en laissant l'autre moitié aux héritiers *ab intestat*.

Quels étaient les effets du retour légal? En d'autres
termes, quel était le sort des aliénations et des hypothèques consenties par le donataire si le retour venait
à s'ouvrir? D'après la législation romaine, ce droit
était fondé, comme nous l'avons vu, sur une stipulation tacite. *Parenti enim ex tacita stipulatione actionem damus* dit le § 13, *in fine,* de la loi unique au
Code *de rei uxoriæ*. Il en est ainsi dans le droit écrit :
« Le retour, nous dit Furgole, est fondé sur une stipulation tacite inhérente à la donation et les biens
reviennent de plein droit : *Jure quodam postlimi-
nii* » (1). Par application de ce principe, toutes les
dispositions, aliénations, constitutions de droits réels
consentis par le donataire auraient dû disparaître et
les biens donnés revenir francs et quittes entre les
mains du donateur. Mais bien des divergences ré
gnaient encore ici entre les Parlements. Les Parlements de Toulouse, Grenoble et Bordeaux, appli-
quaient le principe romain. Le Parlement de Provence (2) faisait une distinction entre les aliénations

(1) Furgole, quest. 42, *Ordonnances de 1731.*
(2) Mourgues, *Commentaire sur les Statuts de Provence,*
page 273.

à titre onéreux et les dispositions à titre gratuit : le droit de retour fléchissait devant les premières et triomphait devant les secondes. Enfin, le Parlement de Paris, dans les pays de droit écrit dépendant de son ressort, respectait toute aliénation faite à quelque titre que ce fût par le donataire.

Si nous nous résumons, nous constatons qu'au milieu de ces divergences et malgré la différence de jurisprudence, il y avait cependant certains principes qui dans la généralité des Provinces avaient fini par s'établir :

1° Tous les ascendants, mais les ascendants seuls avaient droit au retour ;

2° Il avait lieu pour toutes les donations ;

3° Il fallait que le donataire n'eût pas laissé d'enfants ;

4° Le droit de réversion résolvait toute aliénation ou hypothèque.

§ 2. — *Pays de Coutume.*

Ici l'étude du droit de retour va nous apparaître d'un plus vif intérêt et d'une utilité plus grande, puisque c'est dans les Provinces régies par les Coutumes que les rédacteurs du Code Napoléon sont allés puiser leurs principes, en copiant presque mot pour mot l'article 313 de la Coutume de Paris.

Les premières traces de retour légal dans les pays de droit coutumier nous apparaissent dès le treizième siècle dans un arrêt rendu sous le règne de Saint-Louis. La *Conférence des Coutumes*, p. 711, rapporte que « par arrêt donné à la Pentecôte, 1268, a été jugé que quand les enfants décèdent sans hoirs procréés de mariage, le don retourne aux donateurs et non aux prochains héritiers du donataire » (1).

En 1282, Beaumanoir parlant du retour, s'exprime ainsi : « Nale chose seroit que le père et la mère perdissent leur enfant et le leur... et plus légièrement en doivent être le père et la mère conseillés de donner à leurs enfants » (2).

Mais peu de temps après son apparition, le droit de retour tombe dans l'oubli et il y reste plongé jusqu'à la rédaction des Coutumes : ce qui le fait supposer, c'est qu'on n'en trouve aucune trace dans les Coutumes notoires et jugées au Châtelet de Paris, ouvrage du quatorzième siècle, pas plus que dans la première rédaction de la Coutume de Paris faite en 1510.

Dès ce temps déjà, pourtant, Dumoulin ne cessait de protester contre l'oubli d'une institution aussi équitable : *Hoc justum et generaliter observandum,* dit-il, *et quamvis in quibusdam consuetudinibus contrarium reperiatur, hoc errore irrepsit et corrigendum est.* Les efforts du grand jurisconsulte ne furent point stériles et son opinion fut consacrée par les réformateurs de la Coutume de Paris. « L'article 313, dit le procès-verbal de la Coutume, a été ajouté pour faire cesser le doute sur l'avenir et sans préjudice du passé. » Après avoir décidé dans l'article 312 « que les propres ne remontent pas et n'y succèdent les

---

(1) Pithou, sur l'art. 141 de la Coutume de Troyes.
(2) Beaumanoir, sur la coutume du Beauvoisis, ch. XIV.

père et mère, aïeul ou aïeule », ils ajoutèrent « toutefois les père et mère, aïeul ou aïeule succèdent es choses par eux données à leurs enfants, décédant sans enfants, et descendants d'eux ».

Le retour légal, établi par la Coutume de Paris, le fut également par les suivantes, et vers la fin du seizième siècle, il était généralement admis. C'est ainsi qu'il fut accueilli, en 1534, par la Coutume de Nivernais, chap. XXIX, art. 9; en 1539, par celle de Berry, titre XIX, art. 5; en 1556, par celle de Laon, art. 109; en 1558, par celle du Grand-Perche, art. 156; en 1559, par celle de Touraine, art. 311; celle de Poitou, art. 275; en 1561, par celle d'Auxerre, art. 241; en 1574, par celle de Cambresis, titre I, art. 78; en 1583, par celle de Calais, art. 104; en 1619, par celle de Valenciennes, art. 108 et 109, etc.

Le caractère du retour en pays coutumier n'est plus le même que dans le droit écrit; ce n'est plus par réversion que l'ascendant donateur reprend les choses qu'il a données, c'est par droit de succession. Les Coutumes de Paris et d'Orléans s'expriment en termes catégoriques; elles disent l'une et l'autre : « Succèdent es choses par eux données. » On ne peut en jouir que *titulo successionis*, dit Ferrière sur l'article 313 de la Coutume de Paris. Enfin Pothier, sur l'article 315 de la Coutume d'Orléans, examinant à quel titre l'ascendant donateur succède aux choses par lui données, nous dit : « Ce n'est point à titre de réversion comme dans le droit écrit, mais c'est à titre de succession proprement dite que l'ascendant donateur succède à ses enfants aux héritages qu'il leur a donnés. C'est ce qui résulte de ce mot *succèdent*. »

Malgré ce caractère successoral écrit en toutes lettres dans l'article 313, certains commentateurs hésitèrent beaucoup à l'admettre et à écarter le principe du droit romain auquel le retour légal devait sa naissance. Ainsi Lebrun (1), considérant que ce droit n'est pas toujours conforme à l'ordre ordinaire des successions, estime que ce droit est mixte et participe du droit de réversion et du droit de succession. En général, cependant, on s'accorde à lui donner le caractère de succession.

Du principe que l'ascendant reprend les biens donnés à titre d'héritier découlent certaines conséquences :

1° Il devait respecter les aliénations et les dispositions entre vifs ou testamentaires faites par le donataire ;

2° Il était tenu de l'obligation aux dettes, mais dans quelle mesure ? En était-il tenu *ultra vires* ou seulement jusqu'à concurrence de la valeur du bien ? C'est là une question qui a divisé nos anciens auteurs. Il en était tenu *ultra vires*, nous dit Lebrun, parce que, quant au paiement des dettes, la réversion est succession. Il n'en est tenu que *pro modo emolumenti*, répond Ferrière, parce que l'ascendant n'est qu'un successeur *in re singulari*, et comme tel ne doit être tenu des dettes que jusqu'à concurrence des biens qui lui reviennent dans la succession.

(1) Lebrun. *Success.*, liv. 1, ch. V, sect. II, n 4.

Si nous recherchons quelles étaient les personnes qui jouissaient du droit de retour, nous constatons que la généralité des Coutumes l'accordait au père, à la mère et aux autres ascendants ; cependant quelques-unes d'entre elles faisaient une rare exception à cette règle : ainsi la Coutume d'Auxerre, dans son article 242, concède le retour même aux collatéraux ; la Coutume de Valenciennes va plus loin ; d'après les dispositions contenues aux articles 108 et 109, les donateurs étrangers et leurs héritiers directs ou collatéraux peuvent exercer le retour.

Quels biens pouvaient faire l'objet du droit de retour ? On convient généralement que tous les immeubles corporels ou incorporels et les immeubles par fiction comme les offices et les rentes constituées sont sujets à réversion ; mais pour les meubles, on est loin d'être d'accord, et cette divergence s'explique facilement en présence des termes de l'article 313 de la Coutume de Paris : « Succèdent aux choses par eux données. »

D'une part, la généralité de ces mots semblerait vouloir soumettre au retour les meubles tout aussi bien que les immeubles, mais, d'autre part, si on examine la relation qui existe entre cet article et le précédent, si on réfléchit qu'il n'est qu'une exception apportée au principe *propre ne remonte*, on est tenté de croire que le bénéfice du retour n'est admis qu'en faveur des immeubles. De là, différence d'application dans les diverses coutumes : les unes repoussent nettement le retour des choses mobilières ; telles sont les

Coutumes de Vitry, Montargis, Nivernais, Berry;
d'autres, comme celle de Bayonne, l'admettent sans
difficulté. De là aussi division parmi les interprètes :
Lebrun (1) et Pothier (2) pensent que les meubles ne
peuvent faire l'objet de retour; Charondas (3), Renusson, Domat (4), Bretonnier sont d'un avis opposé.

Quant aux conditions d'exercice, le retour est subordonné au prédécès du donateur sans postérité. Mais
ce droit renaît-il au profit du donateur s'il survit aux
enfants du donataire? La jurisprudence des Coutumes
admet généralement que les biens donnés retournent
à l'ascendant donateur parce que, dit-on, l'ascendant
donateur a eu la consolation de voir les biens dont il
s'était dessaisi suivre leur cours naturel et cette première dévolution a dû lui enlever tout espoir de voir
les biens remonter.

En outre, le bien donné devait se retrouver en nature
dans la succession du donataire et y avoir conservé
sa qualité de bien donné. Si donc, après avoir été
aliéné, il était rentré dans le patrimoine du donataire par suite d'une acquisition nouvelle, soit à titre
onéreux, soit à titre gratuit, le retour ne pouvait
avoir lieu.

(1) *Success.*, liv. 1, ch. v, sect. ii, n° 49.
(2) Coutume de Paris, art. 312 et 313.
(3) Lois civ., liv. 2, tit. 2, sect. iii, n° 4.
(4) Coutume d'Orléans, art. 315.

SECTION III

DROIT INTERMÉDIAIRE

Dans cette période, la loi du 5 brumaire an II, supprima le droit de retour, soit légal, soit conventionnel. Bientôt après, celle du 17 nivôse an II, rétablit expressément le retour conventionnel (art. 74), tout en maintenant explicitement la suppression du retour légal. Pourtant on chercha presque aussitôt à atténuer les conséquences de cette abolition. Un décret du 23 ventôse an II, article 5, déclara tout d'abord que l'article 74, du décret du 17 nivôse, ne s'appliquait pas aux donations antérieures au 5 brumaire, et que, quant à ces dernières, le retour légal était possible dans les pays et pour les cas où il y avait lieu. La jurisprudence, d'un autre côté, se montra très facile dans l'admission de la convention de retour : elle décidait que cette convention de retour pouvait résulter de la seule déclaration faite par un ascendant qu'il donne en avancement d'hoirie.

Nous arrivons ainsi au Code civil.

SECTION IV

DROIT CIVIL

Le premier projet présenté par Cambacérès, à la Convention nationale dans la séance du 9 août 1793,

reproduit textuellement l'article 74 de la loi de
nivôse. Le deuxième, également, présenté par Cambacérès dans la séance du 23 fructidor an II (9 novembre 1794), ne parle même plus du retour conventionnel réservé par la loi de nivôse. Le troisième,
présenté encore par Cambacérès au conseil des Cinq-
Cents, en messidor an IV, ne fait pas davantage
allusion au retour légal dans son titre VIII qui règle
la matière des successions ; mais avec l'article 557
au titre des donations, réapparaît le retour conventionnel avec faculté de le stipuler même pour les
descendants du donateur. Enfin, le projet rédigé par
la Commission nommée par l'arrêté du 24 thermidor
an VIII ne s'occupe pas plus que les précédents du
retour légal. Cette institution eût, par conséquent,
été destinée à disparaître de notre droit, si les tri-
bunaux de Toulouse et de Montpellier n'avaient élevé
la voix en sa faveur : « Il est injuste, dit le tribunal
de Toulouse, que les ascendants se voient exclus
par des collatéraux, de rentrer même dans les biens
dont ils s'étaient dépouillés en faveur de leur descendant prédécédé (1) ». « On ne voit pas, dit à son tour
le tribunal de Montpellier, pourquoi l'ascendant qui
a eu le malheur de survivre à l'enfant à qui il avait
remis déjà le dépôt de sa fortune, sera privé de la
faible consolation de reprendre ce même dépôt, l'unique ressource de ses vieux jours (2) ».

La section de législation du Conseil d'Etat fit droit

(1) Fenet, t. v, p. 578.
(2) Fenet, t. iv, p. 504.

à cette plainte et dans son projet au titre des successions, elle y consacre l'article 31 qui est devenu notre
article 747 du Code civil.

Le législateur devait nécessairement admettre
cette vieille institution du retour aussi juste que
sage. Avec elle, l'ascendant saura que les biens qu'il
a donnés lui feront retour, s'il a le malheur de survivre à ses enfants; par elle ainsi, il se sentira
poussé vis-à-vis des siens dans la voie de la générosité.

CHAPITRE II

Nature du Droit de Retour et Distinction de la succession anomale avec la succession ordinaire.

Avec quel caractère le législateur de 1804 a-t-il
admis le retour légal? Lui a-t-il donné comme en
droit romain et dans les pays de droit écrit le caractère d'une véritable résolution? Ou s'opère-t-il, au
contraire comme dans les pays de Coutume, à titre de
succession? Il importe avant tout de trancher cette
question et de rechercher lequel des deux systèmes
a été consacré par le Code. Nous n'hésitons pas à
déclarer immédiatement que le législateur a consacré le principe de la jurisprudence coutumière.

1° Et tout d'abord, la place de l'article 747 au titre
des successions en serait une preuve suffisante. Si le
Code avait comme le droit écrit, basé le retour sur
une idée de résolution il l'aurait mis à côté du retour
conventionnel au titre des donations (Art. 951 et 952
C. civ.).

2° En second lieu, le texte de la loi est formel:
« Les ascendants succèdent » et il répète par deux

fois cette expression ; ainsi d'ailleurs s'expriment les Coutumes d'Orléans et de Paris, auxquelles le législateur a emprunté notre article 747 et qui établissaient au profit de l'ascendant donateur un véritable droit héréditaire. « Ils succèdent es choses par eux données » disent ces Coutumes. Si le législateur en a copié les termes, il en a aussi adopté l'esprit.

Il est vrai qu'on nous objecte deux dispositions de notre Code : 1° l'article 351 (C. civ.) qui décide qu'en cas de décès de l'adopté sans descendants légitimes, les choses données par l'adoptant lui retournent ; 2° l'article 766 (C. civ.) qui veut qu'en cas de prédécès des père et mère de l'enfant naturel, les biens qu'il en avait reçus passent aux frères et sœurs légitimes et que les actions en reprise, s'il en existe, ou le prix des biens aliénés, s'il en est encore dû, leur « retournent » également.

Voilà donc, nous dit-on, deux articles réglant des cas tout à fait semblables à celui de l'article 747, d'après lesquels il résulterait que le retour légal n'est qu'un simple droit de réversion s'exerçant à titre de résolution. Mais cette objection ne nous paraît pas fondée ; selon nous, le mot « retourner » dont se sert la loi dans ces textes, n'exclut pas le caractère successif. Il l'exclut si peu dans l'article 351, que dans l'article 352 nous retrouvons cette phrase : « L'adoptant succèdera aux choses par lui données, comme il est dit en l'article précédent ; en outre, l'article 351 soumet le père adoptant à l'obligation de contribuer au paiement des dettes, ce qui est un des caractères essentiels de la succession.

Quant à l'article 766, sa place n'indique-t-elle pas qu'il s'agit d'une véritable succession ; bien plus n'emploie-t-il pas à la'fin l'expression « passent » pour désigner la transmission à titre héréditaire qui s'opère au profit des frères et sœurs naturels ou de leurs descendants.

Il faut donc décider contrairement à l'opinion de quelques auteurs, que notre article organise un véritable droit de succession (1).

Mais si c'est par voie de succession que l'ascendant recueille les choses qu'il a données, est-il par rapport à ces choses l'héritier légitime du donataire, ou n'est-il tout simplement qu'un successeur aux biens ?

La question est d'une grande importance. Si l'ascendant est considéré comme un simple successeur aux biens, il n'aura pas la saisine ; il ne sera pas tenu au-delà de l'émolument ; peut-être faudra-t-il le décharger de toute contribution aux dettes ? Si, au contraire, il est considéré comme héritier légitime, il aura la saisine et sera tenu des dettes même *ultra vires*.

(1) En ce sens : Marcadé, *Code civil*, art. 747, 9. — Chabot, *Commentaire sur la loi des success.*, art. 747, 1. — Grenier, *Donations*, 598. · Duranton, *Traité des Success.*, VI, 215. — Demolombe, XIII, 480. — Vazeille, art. 747, n° 7. — Demante, *C. de C. civil*, III, 55 *bis*. — Taulier, III, p. 151. — Aubry et Rau, *C. de C.c.* § 608-29. — *Contra* : Benoit, *Traité de la dot*, n° 107.

D'après quelques auteurs, l'ascendant n'est pas héritier dans le sens rigoureux de ce mot, il n'est simplement qu'un successeur universel.

Nulle part, dit-on, la dénomination d'héritier légitime n'est donnée à l'ascendant donateur.

De plus, la qualité d'héritier naît : 1º du lien de parenté légitime qui unit le défunt à la personne appelée à lui succéder ; 2º de la vocation à l'universalité ou à une quote-part de l'universalité de la succession (art. 724). Or, le droit de retour est bien plus fondé sur l'origine des biens que sur le lien de parenté, et il ne s'exerce pas sur l'ensemble des droits et actions du défunt, c'est-à-dire sur l'hérédité elle-même, mais sur une universalité juridique qui ne comprend que certains biens (1).

Nous pensons contrairement à MM. Zacchariæ et Aubry et Rau que l'ascendant donateur est un véritable héritier légitime.

Cette qualité lui vient d'abord de la place même qu'occupe l'article 747 dans le chapitre des successions déférées aux ascendants Si l'ascendant appelé à la succession ordinaire de son ascendant par l'article 746 (C. civ.) est incontestablement héritier légitime, pourquoi refuser cette qualité à l'ascendant donateur ? Ce sont, sans doute, deux successions différentes ; mais pour tous les points non spécialement prévus par le Code, nous devons appliquer à la suc-

(1) Aubry et Rau, t. IV, pp. 544-45-50.

cession anomale les règles qui régissent la succession ordinaire. Le législateur n'a dit nulle part que l'ascendant donateur n'était pas héritier légitime ; il doit encore avoir cette qualité au même titre que l'ascendant ordinaire.

D'autre part, c'est une erreur de dire que le droit de retour est plutôt fondé sur l'origine des biens que sur le lien de parenté. Sans doute, le retour a bien pour occasion matérielle l'origine des biens ; mais la loi ne s'occupera de cette origine qu'après avoir établi la qualité d'ascendant qu'avait le donateur par rapport au donataire ; la cause légale, en un mot, du retour est dans le lien de parenté légitime entre le donateur et le donataire.

Enfin, si le droit de l'ascendant donateur ne s'exerce que sur certains biens, ou du moins sur une universalité ne comprenant que certains biens du défunt, cette universalité ne lui en est pas moins dévolue à titre successif et comme formant une hérédité à part, distincte de l'hérédité ordinaire.

Du principe que le droit de l'ascendant donateur est un droit de succession légitime, découlent une série de conséquences :

1° Le droit de retour s'ouvre de la même manière que les successions, c'est-à-dire par la mort du donataire ; avant la loi du 31 mai 1854, il s'ouvrait aussi par la mort civile ; si le donataire est déclaré en état d'absence, l'ascendant pourra obtenir l'envoi en possession des biens donnés (articles 123, 128, Code civil) (1);

2° L'ascendant devra avoir les qualités requises pour succéder, c'est-à-dire n'être ni incapable, ni indigne (art. 725, 726, C. civ.);

3° Il ne peut du vivant du donataire ni renoncer à son droit, ni le céder (art. 791, 1130, 1600) (2);

4° Il jouit du droit d'option qui appartient à tout héritier; il peut donc renoncer à la succession, l'accepter purement et simplement ou sous bénéfice d'inventaire; mais s'il y renonce en fraude de ses créanciers, ceux-ci peuvent accepter de son chef (article 1167, C. civ.);

5° Il doit payer à l'Etat le droit proportionnel de mutation par décès et non un simple droit fixe comme au cas de retour conventionnel (3).

Nous verrons, en outre, dans le chapitre consacré aux effets du droit de retour, qu'il doit respecter les aliénations et toutes les constitutions de droits réels consenties par le donataire; et qu'ayant la saisine, en sa qualité d'héritier légitime, il doit contribuer au paiement des legs et dettes de la succession, dans une part proportionnelle à la valeur des biens par lui donnés, relativement à l'ensemble du patrimoine.

---

(1) Demolombe, *De l'absence*, t. II, n° 83.
(2) Rennes, 29 août 1870. — D., 73-2-192. — Angers, 18 décembre 1878. — D., 79-2-172.
(3) **Nancy**, 31 janvier 1833. — S., 34, 2, 603.

Il ne faudrait pas pourtant confondre cette succession particulière et spéciale de l'article 747 avec la succession générale et ordinaire. Elle s'en distingue à un double point de vue : 1º au point de vue des personnes à qui elle est attribuée ; 2º et des choses qui en sont l'objet.

Les ascendants seuls y sont appelés : « Ils succèdent à l'exclusion de tous autres », dit l'article 747. Cette succession est donc indépendante soit de l'ordre de parenté, soit des degrés d'après lesquels la succession ordinaire est dévolue.

A ce premier point de vue notre texte déroge par conséquent à la règle de l'article 733 du Code civil, qui dit que toute succession dévolue à des ascendants, se partage en deux parts égales : l'une pour les ascendants paternels, l'autre pour les parents maternels ; et aussi à toutes les dispositions du droit commun qui distingue plusieurs ordres d'héritiers et tient compte du degré de parenté pour régler la dévolution des biens par succession.

Ils succèdent aux choses par eux données. Il faut donc qu'il y ait eu des objets donnés et c'est sur eux que va s'exercer le droit de l'ascendant ; par conséquent, tandis que la masse successorale dans la succession ordinaire, se compose de tous les biens du *de cujus*, la succession de l'article 727 ne comprend que certains biens spécialement déterminés.

A ce deuxième point de vue, notre texte déroge encore au principe de l'article 732 suivant lequel la loi ne considère pas l'origine des biens pour en régler la dévolution.

Il existe donc à la mort du *de cujus* non pas une seule et même succession, mais bien deux successions distinctes et indépendantes l'une de l'autre « aussi distinctes, aussi indépendantes, dit M. Demolombe, que le seraient les successions de deux personnes différentes (1). »

La vocation à l'une d'elles ne confère pas de droits sur l'autre ; par suite, l'ascendant peut être appelé à la succession anomale, mais être écarté dans la succession ordinaire. Il peut être aussi appelé à cette succession ordinaire.

Pour bien développer toutes les conséquences qui résultent de ce dédoublement du patrimoine du *de cujus*, il est utile de distinguer ces deux hypothèses : 1° celle où l'ascendant est appelé à la succession anomale seule ; 2° celle où l'ascendant donateur est appelé non seulement à la succession anomale, mais encore à la succession ordinaire.

a) L'ascendant n'est appelé qu'à la succession anomale.

Exemple : Le *de cujus* laisse des frères et sœurs et un ascendant donateur. Ici l'ascendant reprendra les biens donnés les frères et sœurs recueilleront les biens de la succession ordinaire. L'ascendant et les frères et sœurs recueilleront les biens de la succession ordinaire. L'ascendant et les frères et sœurs ne sont pas par conséquent cohéritiers puisqu'ils sont appelés à deux successions complètement distinctes.

(1) Demolombe, t. XIII. p. 484.

Il en résulte :

1º Qu'il n'y a pas lieu à rapport entre l'ascendant et les héritiers ordinaires. Aux termes de l'article 857 en effet, le rapport n'est dû que par le cohéritier à son cohéritier ;

2º Qu'il n'y a pas entre eux indivision. L'indivision suppose un concours de droits rivaux qui portent tous sur le même objet, et chacun d'eux sur chaque partie de cet objet ; or, ici, nous nous trouvons en présence de deux objets essentiellement distincts ; d'un côté, la masse des biens ordinaires ; de l'autre, le bien donné. L'indivision n'existant pas, il ne peut être question par conséquent ni de partage (art. 815) ni de garantie (art. 884 Cod. civ.).

Toutefois, en cas d'éviction subie soit par l'ascendant, soit par les autres héritiers, la contribution aux dettes se trouverait modifiée, et alors il y aurait lieu à recours, mais uniquement pour le règlement des dettes (1).

3º Que l'ascendant donateur ne peut pas exercer le retrait successoral contre les cessionnaires des autres héritiers et, réciproquement, les autres héritiers ne peuvent pas l'exercer contre le cessionnaire de l'ascendant. Aux termes de l'art. 841, en effet, le retrait successoral n'est admis qu'entre cohéritiers.

4º Qu'il n'y a pas lieu au droit d'accroissement entre l'ascendant donateur et les héritiers ordinaires, si l'un d'eux renonce. Toutefois, ici, une distinction

_____

(1) Demolombe, t. XIII, nº 487. — Baudry-Lacantinerie, t. II, nº 89.

s'impose. La renonciation des héritiers ordinaires ne donne ouverture à aucun droit d'accroissement en faveur de l'ascendant donateur, car le droit de celui-ci est limité aux choses par lui données. Mais la réciproque n'est point vraie : la renonciation faite par l'ascendant donne lieu à l'accroissement des biens donnés au profit de la succession ordinaire. Dans cette hypothèse, en effet, la succession anomale serait réputée n'avoir jamais existé, et les biens la composant seraient considérés comme ayant toujours fait partie de la succession ordinaire (1).

B) L'ascendant est appelé à la succession anomale et à la succession ordinaire.

Ex. : Un père fait une donation à son fils ; celui-ci meurt laissant pour seuls héritiers son père et des frères ou sœurs. Le père reprendra tout d'abord le bien donné et viendra ensuite en concours avec les frères et sœurs sur les biens de la succession ordinaire.

L'ascendant donateur réunit donc ici deux qualités distinctes et indépendantes l'une de l'autre, la qualité de donateur et celle d'héritier. Peut-il à ce double titre accepter l'une des successions et répudier l'autre ?

La question a été controversée. Tout le monde est d'accord pour admettre que l'ascendant peut accepter

(1) Duranton, t, VI, 205. — Demolombe, t. XIII, nº 485. — Aubry et Rau, § 640, 12. — Demante, t. III, 56 bis.

les deux successions et cela n'a pas besoin d'être démontré; mais certains auteurs lui ont contesté le droit de diviser son option.

Ils argumentent de ce principe qu'on ne peut accepter ou répudier une succession « pro parte » : *Hereditas pro parte adiri, pro parte repudiari non potest* ; et aussi du défaut d'intérêt qu'aurait l'ascendant à accepter une des successions et à renoncer à l'autre. Si, en effet, la succession ordinaire est mauvaise, la succession privilégiée le sera également, puisque les dettes sont réparties entre les deux hérédités proportionnellement à leur valeur réciproque (1).

Ces objections qui, de prime abord, paraissent concluantes, ne reposent pas sur un fondement sérieux.

En premier lieu, la maxime : *Hereditas pro parte adiri, pro parte repudiari non potest*, n'est pas ici applicable, puisque nous ne nous trouvons pas en présence d'une seule succession dont on voudrait acquérir une fraction, mais bien de deux successions distinctes : l'ascendant est appelé à l'une et à l'autre en vertu de deux titres différents. Si donc il accepte l'une et répudie l'autre, il n'est pas vrai de dire qu'il soit héritier pour partie, puisqu'il recueille l'une tout entière sans prendre rien dans l'autre (2).

(1) Delvincourt, t. ii, p. 18, note 4. — Chabot, sur l'art. 747, n° 16.

(2) Demolombe, t. xiii, n° 488.

C'est une erreur ensuite de prétendre que l'ascendant n'a aucun intérêt à scinder son acceptation. Il y a des cas, en effet, où cet intérêt existe d'une façon évidente :

1° L'ascendant peut vouloir se soustraire au rapport des libéralités entre vifs ou testamentaires qu'il aurait reçues du défunt; tout en acceptant la succession anomale, il a intérêt alors à répudier la succession ordinaire à laquelle il ne pourrait venir qu'en rapportant tout ce qu'il avait reçu ;

2° Il se peut encore que l'ascendant attache un prix d'affection à la chose qu'il avait donnée et qu'il veuille la reprendre, sauf à payer seulement une partie des dettes ;

3° L'ascendant, après avoir appréhendé la succession anomale, s'aperçoit que la succession ordinaire est grevée d'un chiffre de dettes supérieur à son actif; il a donc intérêt à renoncer pour se décharger d'une portion de dettes ;

4° Enfin, il peut vouloir, en répudiant la succession ordinaire, avantager un parent plus éloigné auquel cette succession sera dévolue.

L'ascendant peut-il à l'inverse renoncer à la succession anomale, tout en acceptant la succession ordinaire? Nous ne voyons rien qui puisse s'opposer à cette faculté de l'ascendant; il peut même avoir grand intérêt à le faire lorsque, par exemple, la succession anomale est grevée de nombreuses dettes et qu'il se trouve en concours avec d'autres héritiers

dans la succession ordinaire ; par la renonciation à
la succession anomale, les biens qui composaient
cette succession avec les dettes qui la grevaient vont
se confondre dans la succession ordinaire ; l'ascendant modifie ainsi sa part contributoire dans le paiement des dettes puisque, au lieu de les subir seul, il
les supportera avec les autres héritiers.

S'il est seul héritier dans les deux successions
l'intérêt peut paraître moins évident ou même ne
pas exister du tout, car dans cette hypothèse, comme
le dit Mourlon, il retrouvera confondus dans la succession qu'il aura acceptée, les biens que compre-
nait la succession qu'il aura répudiée (1).

Malgré ce défaut d'intérêt, nous ne voyons pas
de motif pour refuser à l'ascendant ce droit de répu-
diation.

Pourtant, même dans cette hypothèse, il peut y
avoir pour l'ascendant donateur un avantage considérable à renoncer à la succession anomale ; il est
possible, en effet, que cette renonciation vienne
grossir la réserve à laquelle l'ascendant peut avoir
droit dans la succession ordinaire et Marcadé nous
fournit, à ce sujet, un exemple très probant : Pierre
a 100,000 francs de biens, à lui, donnés par son père
et 100,000 francs d'autres biens ; il meurt, laissant
ce père pour unique héritier ; il a disposé de la totalité des biens donnés et de 80,000 fr. de biens ordinaires. Supposons que le père se présente à la fois

_____

(1) Mourlon, t. ii, nº 135.

4

comme ascendant donateur et comme héritier ordinaire; comme en sa qualité d'ascendant-donateur,
il n'a droit à aucune réserve, il ne pourra calculer
sa réserve d'héritier ordinaire que sur les 100,000 fr.
qui ne viennent pas de lui; tandis qu'en répudiant
sa qualité de donateur, il ôte aux 100,000 francs de
biens donnés, la qualité de biens anomaux et se
trouve alors en face d'une succession de 200,000 fr.
sur laquelle il calculera sa réserve, soit 50,000 fr. (1).

L'ascendant peut donc accepter l'une des deux
successions et renoncer à l'autre; mais sur laquelle
portera l'acceptation ou la renonciation du donateur
lorsqu'appelé simultanément aux deux, il aura déclaré seulement accepter ou renoncer, sans indiquer
davantage son intention. Sera-t-il censé avoir accepté
les deux successions ou seulement l'une d'elles ?

Ici, grande controverse entre MM. Vazeille et Toullier. D'après Vazeille, l'acceptation ne portera que
sur la succession privilégiée. D'après Toullier, au
contraire, elle portera sur le tout. (2).

A notre avis, il y a là une pure question de fait; si
aucune circonstance ne vient démontrer quelle a été
la véritable intention de l'ascendant, nous pensons,
avec Toullier, que l'acceptation ou la renonciation
embrasse les deux successions; il n'existe pas de
motif pour permettre de déclarer que l'ascendant a
eu en vue une des successions plutôt que l'autre.

---

(1) Marcadé, art. 747. n° 147. — Demante, III, 56 bis. — Aubry
et Rau, § 611. — Demolombe, XIII, 481. — Duranton, VI, 210.

(2) Vazeille, art. 747, n° 4. — Toullier, t. II, n° 237.

CHAPITRE III

Des personnes qui jouissent du Retour successoral.

L'article 747 nous dit que tout ascendant donateur
a droit au retour légal et seul il y a droit « à l'exclusion de tous les autres ».

Tout ascendant : par conséquent l'ascendant paternel, aussi bien que l'ascendant maternel : l'aïeul, le
bisaïeul, l'aïeule, la bisaïeule, aussi bien que le père
et la mère ; mais les ascendants seuls peuvent prétendre à ce droit ; les collatéraux pas plus que les
étrangers ne sauraient en réclamer le bénéfice. Et ici
les rédacteurs du Code civil ont aboli la diversité
existant sur ce point dans les Coutumes, dont quelques-unes appelaient à cette succession, comme nous
l'avons vu, non seulement les collatéraux mais encore
un étranger lui-même.

Mais il faut que cet ascendant soit lui-même le donateur : « Les ascendants succèdent aux choses par
eux données » dit notre texte ; dès lors, pour avoir
droit au retour, il faut réunir les deux conditions
suivantes : être ascendant ; être le donateur de la
chose.

De là, plus de doute à élever comme dans l'ancien droit, sur le point de savoir, si dans l'hyothèse où un aïeul a donné à son petit-fils et décédé ensuite, le père a un droit de retour légal sur la chose donnée se retrouvant dans la succession du petit-fils ; le père incontestablement n'y a aucun droit parce que ce n'est pas lui, mais bien l'aïeul qui est donateur. La même solution doit être admise au cas où un aïeul ayant donné une chose à son fils, ce dernier la donne ensuite lui-même à son propre fils qui vient plus tard à mourir ; ce sera le père qui exercera le retour ; car c'est lui qui est donateur par rapport à son fils et non l'aïeul.

Ce retour successoral constituant un privilège spécial dont l'application ne peut être faite que dans les termes de la loi, est donc un droit personnel exclusivement propre au donateur : il n'est par conséquent transmissible aux héritiers, aux représentants, aux ayants-cause du donateur, qu'autant qu'il s'est ouvert en sa personne de son vivant.

Mais quelle est la portée qu'il faut donner à l'expression d'ascendants ? Il est incontestable qu'elle vise les ascendants légitimes. Comprend-elle aussi les père et mère naturels ? Ceux-ci peuvent-ils réclamer le retour successoral des biens par eux donnés à leur enfant naturel reconnu, décédé sans postérité, lorsque ces biens se retrouvent en nature dans sa succession ? C'est là une question vivement controversée et que nous allons essayer de résoudre.

Nous devons dire que la question ne présente aucun intérêt lorsque l'enfant naturel n'a été reconnu que par un seul de ses auteurs, car aux termes de l'article 765 Code civil, ce parent naturel est alors héritier pour le tout ; il retrouve les objets donnés dans la succession ordinaire et n'a pas besoin dès lors d'invoquer la réversion.

L'intérêt n'apparaît donc manifeste que lorsque l'enfant a été reconnu et par son père et par sa mère. Dans cette hypothèse, en effet, si on n'admet pas le retour successoral, le concubin du donateur bénéficiera de la moitié des biens donnés, puisque aux termes de l'article 765 précité, la succession doit se partager par moitié entre le père et la mère qui ont reconnu l'enfant. Si on admet, au contraire, le retour successoral, le parent donateur prélèvera son bien avant partage ; il le reprendra à titre de retour de préférence à l'autre parent naturel.

Bon nombre d'auteurs pensent que le droit de retour doit être reconnu au père et à la mère naturels et des raisons puissantes militent en faveur de leur opinion :

1° Le père naturel est ascendant et donateur, il doit donc bénéficier des termes généraux employés dans l'article 747 « les ascendants succèdent : *Ubi lex non distinguit, nec nos distinguere debemus;*

2° Les motifs qui justifient le retour légal au profit de l'ascendant légitime existent avec la même force au profit du père et de la mère naturels, il faut donc appliquer la règle : « *Ubi eadem ratio, ibi idem jus esse debet.* Aussi, dans l'ancien droit, Henrys reconnaissait-il au père naturel le droit de retour, pré-cisément en se fondant sur la similitude existant en-tre sa position et celle de l'ascendant légitime ;

3° Si cette question pouvait être discutée dans no-tre jurisprudence coutumière, elle ne doit pas l'être aujourd'hui, car les motifs que Lebrun invoquait pour se prononcer contre le père naturel, ne se présentent plus sous notre législation. D'après lui, en effet, le retour légal était pour l'ascendant légitime une com-pensation de l'obligation qu'il avait de doter son en-fant ; or, ce devoir n'existant pas pour le père natu-rel, il ne devait pas avoir le droit de recueillir les choses par lui données. Mais aujourd'hui, l'obligation de doter n'existe ni pour l'un ni pour l'autre.

Au surplus, les père et mère naturels n'étaient pas appelés à la succession des bâtards. Aujourd'hui, les enfants naturels se rattachent légalement à leur au-teur et les articles 765 et 766 attribuent la succession de ces enfants décédés sans postérité aux père et mère qui les ont reconnus.

4° Aux termes de l'article 766, le retour successo-ral est accordé aux frères et sœurs légitimes d'un enfant naturel, en cas de prédécès de ses père et mère ; *a fortiori*, un droit semblable doit-il exister au profit des père et mère naturels eux-mêmes. On ne comprendrait pas, en effet, que ces enfants légitimes eussent après la mort de leur auteur, un droit qu'il n'aurait pu exercer lui-même ; d'autant plus qu'en cette matière, l'ascendant donateur est toujours pré-féré à son propre enfant, « si bien que l'aïeul légi-time recueille à l'exclusion de son propre fils, les choses par lui données à son petit-fils décédé sans postérité (1) » ;

5° Enfin, l'opinion contraire aurait pour résultat de faire profiter de la libéralité l'ascendant non donateur ; ce serait, en quelque sorte, récompenser un concubin de son immoralité (2).

Malgré la force de ces arguments, nous adopterons la doctrine contraire et nous déciderons que les parents naturels n'ont pas droit au retour :

1° D'abord, le droit établi par l'article 747 est un droit d'exception ; conformément à la règle : *Exceptio est strictissimæ interpretationis*, on ne peut donc l'étendre en dehors du cas spécialement prévu par le législateur. Or, il est évident, ici, d'après la place qu'occupe l'article 747, que le père naturel n'est pas compris dans l'expression « les ascendants succèdent ».

En effet, la loi a pris soin de réglementer dans deux chapitres distincts la dévolution des successions légitimes et celle des successions des enfants naturels. C'est donc dans la partie relative à cette dernière catégorie d'héritiers que nous devons rechercher si les père et mère naturels ont un droit de retour successoral. Or, la section première du chapi-

(1) Demolombe, t. XIII, p. 603, n° 495.
(2) Chabot, art. 747, n° 7. — Delaporte, *Pandectes françaises*, art. 747. — Duranton, t. VI, n° 221. — Marcadé, art. 747, n° 2. — Vazeille, art. 747, n° 12.

tre IV du titre des successions où cette matière est traitée, ne nous fournit aucun texte qui parle du retour en faveur des ascendants naturels ;

2° Le mot « ascendants » comprend dans sa généralité les aïeuls, bisaïeuls, etc... ; cela prouve, par conséquent, que le législateur ne songeait pas au cas d'un enfant naturel qui ne peut avoir d'autres ascendants que ses père et mère (1) ;

3° L'article 765 défère la succession de l'enfant naturel au père et à la mère qui l'ont reconnu. Il refuse donc implicitement le retour légal à l'ascendant donateur. Le terme général « succession » dont il se sert comprend, en effet, les biens donnés et les biens personnels ; or, pour que le donateur recueille seul les premiers, il faudrait un texte exceptionnel qui vînt déroger à la règle générale posée dans l'article précité. Or, ce texte ne se trouve écrit nulle part ;

4° L'argument *a fortiori* tiré de l'article 766 est aussi sans fondement. Aux termes de cet article, nous dit-on, les frères et sœurs légitimes ont droit au retour ; donc à plus forte raison l'ascendant donateur doit y avoir droit lui-même. Nous répondrons que ce droit qui appartient aux enfants légitimes, ils ne le trouvent pas dans la succession de leur auteur. C'est une faveur toute spéciale que la loi leur a donnée et qu'elle a voulu refuser à l'ascendant puisqu'elle ne dit rien de pareil à son égard.

D'ailleurs, de ce que, en cas de prédécès du père

(1) Baudry-Lacantinerie, t. II, n° 91.

et de la mère, les enfants légitimes ont un droit sur les biens donnés aux enfants naturels décédés sans postérité, on ne peut pas conclure que si le père et la mère survivaient, celui des deux qui aurait donné les biens, les reprendrait à l'exclusion de l'autre. Pour que l'argument fût juste, il faudrait que la loi eût prévu le cas suivant : Un enfant naturel meurt laissant sa mère naturelle et des frères légitimes, fils du père naturel, la succession comprend des biens personnels au défunt et aussi des biens qu'il a reçus de son père prédécédé. Si dans ce cas, le législateur avait accordé aux enfants légitimes du père le droit de reprendre les biens donnés par ce dernier, et se retrouvant en nature dans la succession de l'enfant naturel, on aurait légitimement pu dire que le père devrait, *a fortiori*, jouir du même droit, comme auteur du fils légitime. Mais précisément la loi en exigeant dans l'article 766 le prédécès non seulement de l'ascendant donateur mais aussi de l'autre, puisqu'elle suppose que le père et la mère sont décédés, montre bien que dans notre espèce, la mère viendrait seule à la succession conformément à l'article 765.

Du moment où l'article 766 ne peut plus être invoqué par nos adversaires, il fournit en notre faveur, un argument facile à comprendre : si le père n'a pu transmettre à ses enfants légitimes, un droit sur les biens donnés s'exerçant contre la mère, c'est donc que lui-même n'en avait aucun et ne pouvait, en présence de la mère, exercer la reprise de l'article 747.

5° Il est enfin facile de répondre à ceux qui pré-

tendent que notre théorie aboutit à récompenser un
concubin de son immoralité, en retournant contre
eux, l'argument qu'ils invoquent contre nous. N'est-ce
pas aussi récompenser l'immoralité de l'ascendant
naturel, que de l'assimiler à l'ascendant légitime, en
lui accordant le même privilège (1).

Plusieurs ascendants à la fois peuvent exercer le
retour. Il s'agit alors de déterminer quelles choses
ont été données par chacun d'eux et quelle chose,
par conséquent, chacun est appelé à reprendre. C'est
ce qui arrive dans la constitution de dot faite par
deux conjoints. Y a-t-il lieu au retour? Sans aucun
doute. Pour quelle portion? Il faut voir dans quelles
limites chaque époux s'est porté donateur.

1° *La dot a été constituée conjointement.* — Il importe peu ici de savoir sous quel régime les époux
sont mariés. A défaut de convention spéciale, ils sont
censés avoir constitué la dot chacun pour moitié. Le
Code s'en exprime formellement dans l'article 1438
(C. civ.) pour le régime de Communauté légale et
dans l'article 1544, 1er alinéa, pour le régime dotal.
Cette décision doit être étendue au régime sans communauté et au régime de séparation de biens. Les
époux étant donateurs chacun pour moitié, le droit
de retour s'ouvrira donc pour moitié au profit de

---

(1) Aubry et Rau, t. vi, p. 348. — Baudry-Lacantinerie, t. ii,
n° 91. — Demante, t iii, n° 85 *bis.* — Demolombe, t. xiii, n° 496.
— Laurent, t. ix, n° 171.

chacun; sauf bien entendu l'indemnité proportionnelle due par l'époux à son conjoint au cas où un
seul aurait fourni la dot sur ses biens personnels
(art. 1438, § 2, C. civ.).

Lorsque les époux ont exprimé dans l'acte de donation la part que chacun d'eux a entendu fournir,
l'étendue de leur droit de retour est en rapport de la
portion promise.

La dot a été constituée par le mari seul. — Aux termes de l'article 1439, la dot constituée à l'enfant commun en effets de la Communauté par le mari seul,
sans déclaration expresse qu'il s'en charge pour le
tout ou pour une portion plus forte que la moitié est
à la charge de la Communauté. Si donc la femme accepte cette Communauté, elle doit supporter la moitié
de la dot; mais aussi, elle peut en revanche prétendre au retour des choses données jusqu'à concurrence
de moitié, il en serait autrement si l'on se trouvait
sous l'un des régimes dans lesquels le mari ne peut
obliger la femme à son insu : sous le régime dotal
par exemple, la dot constituée par le père seul pour
droits paternels et maternels demeurant en entier à sa
charge, la mère quoique présente au contrat ne sera
pas obligée (art. 1544 § 2, et 1545); de là n'ayant rien
à fournir, elle ne peut invoquer le retour légal.

Une difficulté peut se présenter lorsque les père et
mère se sont engagés conjointement et solidairement
à fournir une dot; il peut arriver que l'un d'eux l'ait
fournie entièrement par suite de l'insolvabilité de

l'autre. Celui qui a ainsi intégralement payé cette dot
peut-il exercer le droit de retour sur tous les biens
donnés à l'exclusion de l'autre?

Nous ne le pensons pas; sans doute, il a droit au
retour de la moitié qu'il a payée comme donateur;
mais l'autre moitié ne lui reviendra pas, car il l'a
payée en qualité de débiteur solidaire, forcément et
non volontairement. Pour cette dernière moitié, il
n'a donc fait que se libérer de son obligation comme
caution, ce qui ne lui donne qu'un recours personnel
contre celui pour le compte duquel il a payé. Vis-à-
vis de cette part, il n'est pas donateur, il ne peut donc
quant à elle exercer le retour successoral.

En résumé l'ascendant succèdera toujours pour la
portion à laquelle il est tenu de contribuer à la dot,
soit qu'il l'eût déclaré formellement, soit que la loi
ait présumé la quotité à laquelle il voulait s'obliger.

CHAPITRE IV

Conditions d'exercice du Retour successoral.

Trois conditions sont nécessaires à l'exercice du retour. Il faut : 1° que le donateur survive au donataire ; 2° que celui-ci décède sans postérité ; 2° que les choses données se retrouvent en nature dans la succession.

PREMIÈRE CONDITION. — *Que le donateur survive au donataire.*

Cette première condition ne soulève pas de difficulté, il suffit d'un simple rapprochement de dates pour montrer quel est du donateur et du donataire le survivant et le prédécédé.

Les présomptions des articles 720 et suivants seraient-elles applicables si tous deux venaient à périr dans un même évènement ? Nous ne le pensons pas. On ne rencontre pas dans la succession anomale la vocation respective des *commorientes* (1) ; or, les pré-

---

(1) Benoît, *De la dot*, t. II, n° 97.

somptions légales ne sont pas succeptibles d'extension.

Le retour légal s'ouvre donc au moment et par le
fait du prédécès du donataire. Avant la loi du
31 Mai 1854, il était encore ouvert par la mort
civile du donataire; mais depuis, la mort civile ayant
été abolie, nous n'avons pas à nous en occuper.

S'ouvre-t-il ausi par l'absence? Cela n'est pas dou-
teux. Il faut pourtant distinguer le cas où c'est l'ascendant donateur qui est absent et le cas où c'est le
donataire. Si c'est l'ascendant donateur, il faut faire
l'application des articles 135 et 136; en conséquence,
les héritiers du donateur ne pourront invoquer de
son chef, le bénéfice du retour successoral qu'autant qu'ils rapporteront la preuve de l'existence de
l'ascendant, au moment de l'évènement qui a donné
ouverture au droit, c'est-à-dire au moment où le
donataire est décédé ou est tombé lui-même en état
d'absence. Si au contraire, c'est le descendant qui
est absent, l'ascendant donateur peut, invoquant l'article 120, provoquer la déclaration d'absence et se
faire envoyer en possession provisoire des biens donnés, à la charge toutefois de fournir caution. En ce
sens, nous trouvons un arrêt de la Cour de Nancy,
du 31 janvier 1833 (1). Il est hors de doute, comme
le dit cette Cour dans son arrêt que la déclaration
d'absence donnant ouverture en faveur des tiers à
tous les droits subordonnés à la condition du décès

---

(1) Arrêt de la Cour de Nancy, 31 janvier 1833. — S., 34, 2, 603.

de l'absent et le droit de retour légal se trouvant dans cette classe, il pourra être exercé par le donataire.

DEUXIÈME CONDITION. — *Que le donataire décède sans postérité.*

Le législateur présume avec raison que dans l'intention de l'ascendant donateur, la donation s'adressait au donataire et à ses descendants. L'existence d'une postérité, lors du décès du donataire doit donc faire obstacle au retour.

Il faut pourtant se garder de prendre à la lettre la disposition de la loi et admettre que le seul fait de l'existence de descendants est un obstacle à l'exercice de ce droit. Les descendants ne peuvent faire obstacle au retour de l'ascendant qu'autant qu'ils réunissent les qualités exigées par la loi pour pouvoir succéder au donataire.

En conséquence, les enfants qui renoncent à la succession du donataire, les enfants qui sont incapables de la recueillir, les enfants qui en sont exclus pour cause d'indignité ne peuvent faire obstacle au droit de retour de l'ascendant. Et cela parce qu'ils sont censés n'avoir jamais été héritiers. (Art. 785.) Le donataire est réputé n'avoir jamais eu de postérité et les biens qu'il a reçus du donateur lui font retour en vertu de l'article 747, au lieu d'être attribués à ceux qui recueillent la succession ordinaire, les frères et sœurs, par exemple.

Quelle est l'extension qu'il faut donner au mot postérité? Il comprend incontestablement les enfants et descendants légitimes du donataire et aussi ceux qui auraient été légitimés par mariage subséquent (1).

Comprend-il aussi la postérité naturelle et la postérité adoptive? La présence d'un enfant naturel et adoptif exclut-elle l'ascendant donateur? Les auteurs sont divisés sur la question.

Examinons d'abord la postérité adoptive.

Une première opinion admet que le mot postérité ne s'entend que de la postérité du sang. L'ascendant n'a voulu gratifier que ses descendants, les hoirs de son corps, comme disaient les Coutumes. Or, l'enfant adoptif ne fait pas partie de la postérité de son père adoptif parce qu'il n'y a pas de lien de famille entre lui et les ascendants de l'adoptant. La postérité est la suite des personnes réunies entre elles par le lien du sang dans la ligne descendante, de telle sorte qu'une personne ne fait partie de la postérité d'une autre qu'autant qu'elle fait également partie de la postérité des ascendants de cette dernière. Un père ne peut pas avoir une postérité qui n'est pas en même temps celle de son père à lui. Donc celui qui ne laisse qu'un enfant adoptif doit être considéré comme mourant sans postérité : les choses à lui données par son ascendant doivent faire retour au donateur s'il lui survit.

Si l'ascendant pouvait être écarté par l'enfant

(1) Demolombe, t. XIII, n° 506. — Duranton, t. VI. n° 218. — Marcadé, art. 747, n° 3. — Aubry et Rau, t. VI, § 608.

adoptif sa volonté serait violée puisqu'il serait exclu par un enfant qui pour lui est un étranger (1).

Nous pensons au contraire que l'enfant adoptif tout comme l'enfant légitime doit exclure l'ascendant donateur.

1° En effet, l'article 350 donne à l'adopté sur la succession de l'adoptant les mêmes droits que ceux qu'aurait l'enfant né en mariage. Et comme l'enfant légitime empêche l'ouverture du retour, on est conduit à reconnaître que l'autre doit également y faire obstacle ;

2° Le donataire a la libre disposition des biens qu'il a reçus ; il peut les aliéner à titre onéreux et à titre gratuit entre vifs ou par testament. Pourquoi ne pourrait-il pas en disposer par voie d'adoption ? L'adoption n'est-elle pas la vocation d'un enfant que le père adoptant se rattache par des liens fictifs de filiation à l'universalité des biens qui composent sa succession ? N'est-elle pas une manifestation de l'intention chez le donateur de transmettre à l'enfant de son choix sa succession tout entière ? L'enfant adoptif n'est-il pas en quelque sorte un légataire universel avec droit de réserve et de réduction ? L'ascendant devait porter ses prévisions sur ce point. Que l'adoption ait eu lieu avant ou après la donation, il n'a pas le droit de se plaindre ; dans le premier cas, il

---

(1) Laurent, t. IX, n° 179. Aubry et Rau, t. VI, p. 345 § 608, note 14 ; Cassation, 14 février 1855 ; S., 55, 1, 185.

savait ou devait savoir le droit qu'avait l'adopté sur
la succession du donataire et rien ne lui était plus
facile que de stipuler le retour ; dans le second, il
n'ignorait pas que toute disposition de son enfant
pouvait étendre son droit et rien ne l'empêchait de
se réserver le retour, du moment que, par une clause
particulière, il ne s'est pas soustrait aux conséquences légales de ce fait, c'est qu'il les a acceptées (1).

Quid de la postérité naturelle ? Avant la loi du
25 mars 1896, relative aux droits des enfants naturels
dans la succession de leurs père et mère, la question
est à bon droit vivement discutée. D'après un certain
nombre d'auteurs, elle est un obstacle au retour.

Ils argumentent des termes mêmes de l'article
747. L'enfant naturel, disent-ils, fait certainement
partie de la postérité de l'ascendant, car l'article 747
en se servant du mot postérité ne fait aucune distinction entre la postérité légitime et la postérité naturelle. Ce point est tellement vrai que dans tous les
cas où le législateur veut donner moins de droits aux
enfants naturels ou les exclure complètement, il a
soin de le dire d'une façon explicite ; ainsi dans les
articles 351 et 960 le législateur montre clairement
la distinction qu'il veut établir entre la descendance
légitime et la descendance naturelle. Puisque cette
distinction n'existe pas dans l'article 747 c'est que le

(1) Demolombe, t. xiii, n° 508. — Duranton, t. vi, n° 220. —
Chabot, art. 747, n° 13. — Toullier, t. ii, n° 240

mot postérité doit être pris dans sa généralité et comprendre aussi les enfants naturels.

Ils s'appuient encore sur la préférence que la loi accorde à l'enfant naturel sur l'ascendant donateur lorsque le donataire laisse à la fois un enfant légitime et un enfant naturel : dans cette hypothèse, l'ascendant donateur ne reprendra rien et l'enfant naturel aura une part des biens donnés. C'est l'argument présenté par Marcadé sur l'article 747 n° III : « S'il existait à la fois, dit ce jurisconsulte, un enfant naturel et un enfant légitime, personne n'aurait l'idée de demander la réversion même pour partie quoique l'enfant naturel prît alors une partie des biens donnés ; or, s'il en est ainsi, le droit de cet enfant comme celui de l'adopté est donc plus fort que celui de l'ascendant. D'autre part, l'enfant naturel ayant aujourd'hui contrairement à l'ancien droit, une réserve sur les biens de son père, il pourrait donc faire réduire toute disposition excessive des biens donnés, tandis que cette disposition enlève tout droit à l'ascendant. Cet ascendant est donc moins favorable que l'enfant naturel et doit dès lors être primé par lui. »

Ils argumentent enfin de l'article 757 du Code civil actuellement abrogé ; l'enfant naturel a un droit de succession sur les biens de ses père et mère qui l'ont reconnu et son droit héréditaire est une fraction des droits qu'il aurait eu s'il eût été légitime lorsqu'il se trouve en présence d'un ascendant. Cette fraction est de la moitié (art. 757 C. civ. abrogé).

Si donc l'enfant naturel peut invoquer un droit de succession sur la 1/2 de la masse successorale qui comprend les biens donnés, il empêche par là même l'exercice du droit de retour pour la moitié.

S'il en était autrement, il pourrait arriver dans l'hypothèse où les biens donnés composeraient seuls la succession, que l'enfant naturel serait privé de tous droits sur les biens de son père ou de sa mère donataire, ce qui est inadmissible (1).

Une deuxième opinion admet que l'existence d'un enfant naturel n'est pas un obstacle au droit de retour.

Et d'abord la place de l'article 747 dans le chapitre III du livre II exclusivement consacré aux successions régulières indique bien que le mot postérité ne vise que les enfants légitimes : « Le Code, nous dit M. Demolombe, a traité dans deux chapitres distincts des successions légitimes ou régulières (Chap. III), et des successions irrégulières (Chap. IV), et on ne saurait sans arbitraire et sans une perturbation profonde de toute l'économie de la loi, transporter les dispositions de l'un des chapitres dans l'autre. »

De plus, le mot postérité employé dans les articles 746, 748, 749 ne s'entend que dans le sens exclusif et restreint de postérité légitime.

Pourquoi donc lui donner dans l'article 747 un sens plus large. Cela est si bien vrai que certains auteurs

(1) Aubry et Rau sur Zachariæ, t. IV, p. 224.— Chabot, art. 747, nº 14. — Delvincourt, t. II, p. 40. — Demante, t. III, nº 56 bis. — Duranton, t. VI, nº 219. — Malpel, art. 747, nº 134. — Marcadé, art. 747, nº 3. — Taullier, t. II, nº 240. — Vazeille, art. 747, nº 7.

partisans de la prem'ère opinion, notamment MM. Aubry et Rau, reconnaissent volontiers que l'article 747
vise uniquement la postérité légitime du donateur et
alors ils se contentent d'invoquer spécialement en faveur de leur théorie l'argument tiré de l'article 757.

Quant aux articles 351 et 960 que les partisans de
l'affirmative invoquent en faveur de leur thèse, ils ne
fournissent pas un argument sérieux. Si ces articles
s'expliquent expressément sur la question que l'article 747 semble laisser indécise, c'est que les matières
qu'ils régissent n'impliquent pas par elles-mêmes
l'exclusion des enfants naturels.

En effet, dans l'article 351, la loi a voulu empêcher
les donations intéressées et dans ce but elle n'a accordé à l'adoptant aucun droit sur la succession ordinaire de l'adopté; avec la pensée de se conformer à
l'esprit de la loi, on aurait pu peut-être si le législateur ne s'était montré très explicite, multiplier les
obstacles à l'exercice du droit de retour et préférer
par conséquent la postérité même naturelle à l'adoptant ou à ses descendants.

De même dans l'article 960, le législateur devait
s'expliquer d'une façon expresse ; partant de ce point
de vue que la loi se montre en général très peu favorable aux donations. on aurait peut-être considéré
la survenance d'un enfant naturel comme devant en
amener la révocation.

Dans l'article 747, le même doute n'existe pas : la
place qu'occupe ce texte dispensait le législateur de
faire suivre le mot postérité du mot légitime.

A l'argument invoqué par M. Marcadé, à savoir

que l'enfant naturel est préféré à l'ascendant donateur, lorsque le donataire laisse à la fois un enfant
légitime et un enfant naturel , on répond que
c'est l'enfant légitime et non l'enfant naturel qui exclut
l'ascendant donateur.

Sans doute, l'enfant naturel viendra en concours
avec l'enfant légitime sur les biens donnés; mais
pourquoi y viendra-t-il, sinon parce que la présence
de l'enfant légitime aura anéanti, à jamais, les droits
de l'ascendant donateur. Il n'y aura plus, dès lors,
ici, deux successions distinctes : la succession anomale et la succession ordinaire. Il n'y aura qu'une
seule masse de biens où se confondront à la fois et
les biens donnés et les biens personnels du donataire;
masse qu'il faudra partager entre les héritiers du donataire, l'enfant légitime et l'enfant naturel dans l'hypothèse actuelle, en attribuant à chacun la part que
leur confère la loi.

Enfin, il n'est pas vrai de dire d'une manière absolue, comme le font les partisans de la première opinion en s'appuyant sur l'article 759 que les biens donnés par l'ascendant font partie de la succession de
l'enfant donataire prédécédé. Il y a, en effet, dans le
patrimoine du *de cujus* donataire, deux successions
absolument distinctes : la succession anomale et la
succession ordinaire; à la première, l'ascendant donateur est seul appelé à l'exclusion de tous autres; à
la seconde, viennent les autres héritiers et, en conséquence, l'enfant naturel lui-même qui, en vertu du texte
précité, pourra réclamer dans cette succession ordinaire la moitié de ce qu'il aurait eu s'il eût été légitime.

Et il est certain que le législateur, dans l'article 757, n'a visé que le cas de la succession ordinaire
et n'a nullement songé à la succession anomale qu'il
avait organisée dans un autre chapitre ; d'abord, parce
que logiquement la loi, ici, ne pouvait permettre aux
enfants naturels de faire obstacle à l'exercice du retour,
lorsque dans le cas de l'article 351, elle leur refuse
ce droit ; ensuite, parce que, d'après M. Demolombe,
la combinaison de 759 avec 747 est impossible : « De
deux choses l'une, ou l'enfant naturel est compris dans
le mot postérité, tel que l'emploie l'article 747, ou il
n'y est pas compris. Dans le premier cas, il fait obstacle pour le tout au retour successoral ; dans le second,
il n'y fait obstacle pour aucune partie. Nous concevons
l'un ou l'autre de ces deux systèmes ; mais le système
mixte, d'après lequel l'enfant naturel ferait et ne ferait pas en même temps obstacle au retour, nous
avons peine à le comprendre. En effet, d'après l'article 747, l'ascendant succède à l'exclusion de tous autres aux choses par lui données. Voilà le texte, c'est
tout ou rien (1). »

Tel est l'état de la doctrine et de la jurisprudence
et la division qui existe parmi les auteurs avant la
loi du 25 mars 1896. — A notre avis, depuis cette loi
récente, toute controverse doit disparaître et nous
estimons que la postérité naturelle fait obstacle au
retour au même titre que la postérité légitime.

---

(1) Demolombe, t. XIII, n° 510. — Laurent, t. IX, n° 179. Legentil,
Rev. crit., 1851, pp. 354-389, Cass., 3 juillet 1832, S., 1832, 1, 498 ;
Douai, 14 mai 1851, S., 1851, 2, 497 ; Cass., 9 août 1854, S., 1854,
1, 563.

La législation nouvelle assimile en effet les enfants naturels aux enfants légitimes, en leur accordant le titre d'héritier que leur refusait le C civil (nouvel art. 556 *in fine*) et la saisine qui est attachée (nouvel art. 724). Elle en fait de véritables successeurs régu-liers et transporte les dispositions relatives aux droits des enfants naturels du chapitre IV consacré aux suc-cessions irrégulières dans le chapitre III consacré aux successions régulières. Il n'y a plus donc de rai-son sérieuse pour traiter moins favorablement l'en-fant naturel qué l'enfant légitime.

En vertu du nouvel art. 759, l'enfant naturel a un droit de succession sur les biens de ses père et mère qui l'ont reconnu et son droit héréditaire est une fraction s'élevant aux 3/4 des droits qu'il aurait eus s'il eût été légitime, lorsqu'il se trouve en présence d'un ascendant. En conséquence, pouvant invoquer un droit de succession sur les 3/4 de la masse succes-sorale qui comprend les biens donnés, il empêchera par là même l'exercice du droit de retour pour les 3/4.

L'ascendant donateur a-t-il le droit de reprendre dans la succession de ses petits enfants décédés sans postérité, les biens qu'il avait donnés à leur père et qu'ils avaient recueillis dans sa succession? Nous avons vu dans l'ancien droit combien cette ques-tion était diversement résolue. Dans les pays de Coutume elle était généralement tranchée en fa-veur de l'ascendant. Ainsi Pothier, dans son com-mentaire sur la Coutume d'Orléans (art. 315, note 3), nous dit : « Le donateur succède aux choses données non seulement dans la succession de son fils à qui il les a données lorsqu'il est décédé sans enfants, mais encore dans celle de l'enfant de ce fils qui les a eues dans la succession de son père. »

Renusson (1) enseignait la même doctrine; il rapporte même en ce sens divers arrêts du Parlement de Paris. Dans les pays de droit écrit, les auteurs et la jurisprudence variaient : c'est ainsi que le Parlement de Dijon refusait l'exercice du retour, tandis que le Parlement de Toulouse l'accordait au contraire. La question est encore controversée de nos jours.

D'après certains auteurs, l'ascendant peut reprendre les biens donnés, dans la succession des enfants du donataire, décédés eux-mêmes sans postérité :

1° L'ascendant a entendu faire et a fait sa libéralité tant à l'enfant donataire qu'à ses descendants ; le petit-fils est donc lui aussi donataire. Dès lors, si cet enfant vient à décéder, ainsi que ses descendants, la cause de la donation venant à défaillir, le retour doit forcément avoir lieu.

Au surplus, la loi en organisant le droit de retour a eu pour but d'empêcher que la douleur du père qui a perdu son enfant ne fût encore aggravée par la perte des biens donnés qui formaient peut-être sa seule ressource. Or, ce motif se produit évidemment avec autant de force si ce n'est plus, lorsque l'ascendant a eu la douleur de perdre non seulement son enfant, mais encore les descendants de cet enfant;

2° Notre Code n'a fait que reproduire dans l'arti-

(1) *Traité des Propres*, ch. II, section XIX, n° 21.

cle 747 l'article 315 de la Coutume d'Orléans et l'article 313 de la Coutume de Paris qui, ainsi que nous l'avons dit un peu plus haut, accordaient à l'ascendant donateur le droit de reprendre dans la succession de son petit-fils, décédé sans postérité, le bien qu'il avait autrefois donné à son fils ;

3° On argumente encore de l'article 352 en matière d'adoption. Ce texte, dit-on, accorde à l'adoptant le retour des choses par lui données qui se retrouvent dans la succession des enfants ou descendants de l'adopté, décédés sans postérité. Or, l'espèce prévue par cet article et celle qui nous occupe, sont identiques. Elles doivent donc être régies par les mêmes règles, car *ubi eadem ratio, ibi et idem jus;*

4° On invoque enfin le texte même de l'article 747 : « Les ascendants succèdent à leurs enfants ou descendants, décédés sans postérité » ; ce qui signifie que l'ascendant succède non seulement à son enfant dona'aire, mais aussi à ses petits-enfants, à ses descendants, pourvu qu'ils ne laissent pas de postérité (1).

Malgré les raisons qui précèdent, nous rejetons cette opinion, et, selon nous, le retour n'est pas possible dans l'hypothèse dont il s'agit :

1° Et d'abord, il n'est pas vrai de dire que le petit-fils soit donataire par rapport à l'ascendant, puisqu'il n'a rien reçu de ce dernier. Les choses qui se retrouvent en nature dans sa succession n'y sont pas

---

(1) Maleville, t. II, p. 217. — Delaporte, *Pandectes françaises,* t III, p. 75. — Delvincourt, t. II, p. 40. — Vazeille, art. 747, n° 19.

comme choses données ; elles y sont entrées par dévolution.

Le petit-fils les a recueillies, par conséquent, à
titre d'héritier de son auteur direct ;

2° C'est à tort aussi que l'on invoque l'ancien droit
et la législation des pays de Coutume, car la doctrine
était loin d'être unanime sur ce point. Si Pothier se
montrait affirmatif, certains autres, comme Lebrun,
étaient obligés de reconnaître que ce droit de reprise
du grand-père laissait quelques doutes.

Même indécision du côté de la jurisprudence : un
grand nombre d'arrêts se prononçaient contre le donateur.

3° L'argument d'analogie tiré de l'article 352 quoique très sérieux n'est pas décisif. La nature du droit
est assurément la même dans les articles 352 et 747,
mais les conditions auxquelles l'exercice de ce droit
est subordonné sont différentes. Remarquons que
dans l'article 352 la loi s'est exprimée formellement,
tandis qu'elle est muette dans l'article 747. On comprend qu'elle en ait décidé ainsi dans l'article 352,
car si l'adoptant ne pouvait exercer son droit de reprise sur les biens de l'enfant de l'adopté, les biens
par lui donnés iraient à des étrangers, par l'effet du
partage entre la famille paternelle et la famille maternelle de l'adopté.

Il n'en est pas de même dans le cas prévu par l'article 747 ; l'aïeul a vocation à la succession ordinaire
du petit-fils, il a l'espoir de recueillir les biens donnés au moins pour partie, sauf le cas où il serait
primé par des héritiers préférables, c'est-à-dire par

des frères ou sœurs du *de cujus*, par d'autres petits-enfants ; en tout cas, les biens ne sortent pas de la famille.

4° Enfin l'article 747 n'a pas le sens que veulent bien lui donner les partisans de l'opinion que nous combattons. Que dit, en effet, ce texte ? « Les ascendants succèdent... aux choses par eux données à leurs enfants ou descendants décédés sans postérité. »

Cela ne veut pas dire que l'ascendant succède non seulement à son enfant donataire, mais aussi à ses petits-enfants, à ses descendants, pourvu qu'ils né laissent pas de postérité. Le législateur eût assurément employé une tournure de phrase moins équivoque et moins ambigue, s'il eût voulu adopter une pareille opinion. Cela signifie simplement que les ascendants succèdent aux choses par eux données à leurs enfants décédés sans postérité ou données à leurs descendants décédés sans postérité. La loi a donc eu en vue deux hypothèses, l'une qui est celle où la donation a été faite à un enfant ; l'autre qui est celle où la donation a été faite à un petit-enfant. Elle veut que dans l'un et l'autre de ces cas le retour s'ouvre, si le donataire décède sans postérité ; mais elle ne dit en aucune façon que le droit de retour appartiendra à l'ascendant dans la succession de l'enfant du donataire. Et ce qui semble prouver d'une façon péremptoire la vérité de notre système, c'est la lecture du deuxième paragraphe de l'article 747, qui s'exprime en ces termes : « Ils succèdent aussi à l'action en reprise que pouvait avoir le donataire. »

C'est donc dans la succession du donataire et du donataire seul que l'ascendant vient exercer son droit.
Or, les enfants du donataire n'ont pas cette qualité (1).

TROISIÈME CONDITION. — *Que les choses données se
retrouvent en nature dans la succession.*

Que faut-il comprendre sous cette expression :
« choses? » Elle embrasse toute espèce d'objets, mobiliers ou immobiliers, corporels ou incorporels, peu
importe.

Notre texte ne fait, en effet, aucune distinction
lorsqu'il nous dit : « Les ascendants succèdent aux
choses par eux données. »

Il n'en était pas ainsi dans l'ancien droit où le retour légal ne s'appliquait pas aux meubles. La Coutume de Paris, dans son article 313, accordait simplement à l'ascendant donateur un droit de préférence
dans la succession aux propres et cette qualité ne
pouvait appartenir qu'aux immeubles. Aujourd'hui,
il n'y a plus de propres dans le sens de l'ancien droit;
de là l'article 747 doit être pris à la lettre et recevoir

---

(1) Aubry et Rau, t. VI, p. 349 § 608, note 24. — Chabot, article 747, n° 12. — Coin Delisle, *Revue critique de jurisprudence*,
1857, t. II, p. 209. — Demolombe, t. XIII, n° 512. — Laurent, t. IX,
n° 173. — Duranton, t. VI, n° 216. — Malpel, art. 747, n° 133. —
Marcadé, art. 747, n° 6 ; Cassation, 30 novembre 1819. — Dall.
v. *Success*, n° 254; Agen, 9 novembre 1847; D., I, 1848, 2, 33,
Bastia, 11 août 1848 ; D., 1848, 2, 130; Cassat, 20 mars 1850; D.;
1850, 1, 388.

toute l'étendue que comporte la généralité de ses termes

Choses données. — Il faut donc que la chose ait été réellement donnée, c'est-à-dire qu'il y ait eu donation de biens présents emportant dessaisissement actuel et irrévocable de la part du donateur. C'est là une des conditions essentielles du retour. Si donc, sous le nom de donation, les parties ont en réalité passé un contrat à titre onéreux, l'ascendant ne pourrait avoir aucun droit de retour. Il faut, en effet, plutôt considérer le caractère intrinsèque de la convention que le nom que les parties lui ont donné. C'est ainsi que l'a décidé un arrêt de la Cour de Nancy du 31 janvier 1833 (1) et un jugement du Tribunal civil de la Seine du 6 juillet 1849 (2).

Le retour n'a pas lieu pour toutes espèces de donations. Il faut qu'il s'agisse de donations entre vifs et de biens présents. Lorsqu'elle a pour objet des biens à venir (art. 1082 et 1083, C. civ.) ou cumulativement des biens présents et à venir (art. 1084 et 1085), lorsqu'elle est soumise à des conditions potestatives (art. 1086) dans les hypothèses exceptionnellement prévues par le Code, liv. III, t. II, ch. VIII, le prédécès de l'enfant la rend simplement caduque (art. 1089).

(1) C. de Nancy, 31 janvier 1833 ; S., 34, 2, 603.
(2) Trib. de la Seine, 6 juillet 1849 ; D., 49, 3, 76.

Or, la caducité suppose que le donataire n'est pas devenu propriétaire; donc, il est impossible que le donateur succède dans l'espèce.

Mais est-il nécessaire que la chose ait été donnée dans les formes que prescrit notre Code au titre des donations entre vifs? Non, il suffit de rencontrer un acte qui emporte dessaisissement gratuit, actuel et irrévocable de la part du donateur.

Peu importe donc que la donation ait eu lieu par contrat de mariage (art. 1081), partage d'ascendants (art. 1075, 1076 et suiv.) ou acte notarié ordinaire (art. 931 et suiv.), peu importe qu'elle soit directe ou indirecte (art. 843), à titre d'avancement d'hoirie ou par préciput (art. 843, 919) (1).

La règle comprend indistinctement tous les cas. Si la donation a eu lieu avec charges appréciables en argent, on déduit la valeur des charges et il n'y aura donation que pour le surplus.

Faut-il soumettre au droit de retour les cadeaux de noces, les présents d'usage, toutes ces libéralités modiques qui s'imposent à l'affection d'un descendant, dans les relations de famille ou de société, aux fêtes, anniversaires, mariages, etc., et que la loi dispense du rapport (art. 851)? Nous le pensons, et, à notre avis, toutes les fois que les objets donnés, trousseau, cheval, livres, se retrouvent en nature dans la succession, l'ascendant pourra exercer son droit de re-

---

(1) Aubry et Rau sur Zachariæ, § 701, note 10 — Demolombe, t. XIII, nº 515. — Laurent, t. IX, nº 183; Douai, 14 mai 1851; D., 1852, 2, 276; Orléans, 25 juillet 1863; D., 1863, 2, 143.

tour, peu importe la faible valeur de ces objets par rapport à la fortune du donateur.

Deux motifs, ici, nous font repousser l'opinion de M. Demolombe qui, par application de la formule : *De minimis non curat prætor,* refuse à l'ascendant le droit de reprendre les simples présents d'usage : 1° la généralité des termes de l'article 747 qui appelle l'ascendant à toutes les choses données sans distinction ; 2° la considération que le législateur, en établissant le droit de retour a visé non moins les intérêts d'affection du donateur que ses intérêts pécuniaires. A ce dernier point de vue, une chose insignifiante peut avoir quelquefois aux yeux de l'ascendant la même valeur qu'une somme d'argent ou un objet de prix. Pourquoi donc lui refuser le bénéfice de l'article 747 ?

Se retrouvent en nature. — En nature, c'est-à-dire que les choses données doivent se retrouver *in specie* dans leur individualité même, identique et matérielle et cela parce que l'ascendant ne succède qu'à ce qu'il a donné.

Le retour s'évanouit donc par l'aliénation des objets donnés sans qu'il y ait à distinguer entre les aliénations à titre onéreux et les aliénations à titre gratuit.

Dans l'un et l'autre cas, l'ascendant ne saurait rechercher la chose entre les mains de l'acquéreur et peu importe que la tradition ait ou n'ait pas été faite. Dans notre droit, en effet, l'aliénation est parfaite avant que la chose ait été livrée, du moins pour les corps certains. Si donc l'objet qui provient de l'ascendant a été vendu ou donné, dès le moment de la vente ou de la donation, et bien que la chose soit encore parmi les biens du donataire, le droit de retour est définitivement éteint, au moins à l'égard de la chose elle-même.

Mais l'ascendant peut-il reprendre le bien donné lorsque ce bien a été légué par le donataire?

La raison de douter, c'est que le bien semble exister encore dans la succession du donataire et, dès lors, on serait tenté de croire que les conditions exigées par l'article 747 se trouvent remplies.

Dans l'ancien droit, quelques auteurs, parmi lesquels Domat, décidaient en faveur de l'ascendant (1).

C'est aussi la solution admise par la Cour d'Agen : dans deux Arrêts des 13 mars 1817 et 11 décembre 1827, elle ouvre le retour à l'ascendant donateur qu'un testament et une institution contractuelle avaient dépouillé, par ce motif que la chose léguée se retrouvait en nature dans la succession.

Nous devons repousser, comme contraire aux principes, une semblable théorie et déclarer qu'en pareille hypothèse, le retour n'existe plus. C'est ainsi que l'a décidé la Cour de Cassation, par un arrêt du 16 mars 1830 (2).

Les biens, en effet, ne se retrouvent pas dans la succession, puisque le testateur les en a fait sortir ; au moment du décès, la propriété n'est-elle pas trans-

---

(1) *Lois civiles*, ii, tit. 2, sect. iii, nº 5.
(2) C. de Cass., 16 mars 1830; S., 1830, 1, 121.

mise au légataire ? Sans doute, corporellement, ils
sont dans la succession, mais légalement ils n'en font
plus partie, puisque le légataire a acquis dès l'instant
de son ouverture non seulement un droit de créance,
en vertu de l'article 1014, mais même un droit de
propriété en vertu de l'article 711.

A quel titre d'ailleurs, l'ascendant donateur pré-
tendrait-il reprendre les biens légués et exclure le
légataire ? Comme héritier pur et simple ? Mais la
succession testamentaire passe avant la succession
légitime. Comme héritier réservataire ? Mais, ainsi
que nous le montrerons plus tard, il n'a pas de réserve
en tant qu'ascendant donateur.

Du reste, le donataire était propriétaire plein et
entier des objets donnés ; en conséquence, il pouvait
en disposer à sa volonté. S'il l'avait fait par donation
entre vifs, le droit de l'ascendant eût été irrévocablement éteint ; or, la loi, dans l'article 711, met sur
la même ligne la donation entre vifs et le testament.

Aujourd'hui, la doctrine et la jurisprudence sont
d'accord pour déclarer que le droit de retour est
éteint quel que soit le mode de disposition (1).

Et peu importe que l'aliénation soit totale ou partielle, pure et simple ou conditionnelle, individuelle
ou englobée dans une disposition universelle.

Si l'aliénation est totale, l'ascendant donateur ne
peut rien reprendre ; si l'aliénation est partielle, il

(1) Demolombe, t. XIII, nº 521. — Montpellier, 31 mai 1825 ; S.,
1826, 2, 14 ; Grenoble, 8 avril 1829, D., 1830, 2, 264 ; Douai, 6 mai
1879 ; D., 1879, 2, 257.

ne reprendra que la propriété amoindrie par les constitutions d'usufruit, d'usage, d'habitation, les établissements de servitude.

Si l'aliénation est pure et simple, le retour est complètement anéanti ; si elle est conditionnelle, il le sera également ; en d'autres termes, le donateur sera héritier sous condition suspensive ou résolutoire, suivant que l'acquéreur sera propriétaire sous condition résolutoire ou suspensive.

Le descendant donataire peut disposer des biens donnés de plusieurs manières ; d'abord, il peut les aliéner individuellement et ce sera le cas le plus simple. Il peut encore les englober dans une disposition universelle ou à titre universel. Si par exemple il donne tous ses meubles et que le bien qu'il a reçu de son ascendant soit un meuble, le droit de retour est bien certainement éteint ; s'il dispose seulement de tous ses immeubles, le droit de retour sera parfaitement intact. Tout cela n'offre aucune difficulté.

Lorsque le donataire a aliéné les objets donnés et qu'ensuite, pour une cause quelconque, ces objets sont rentrés dans son patrimoine, l'ascendant peut-il prétendre au retour ? Il semble bien que nous soyons dans les termes de l'article 747 et qu'en conséquence nous devions décider l'affirmative.

Ne retrouvons-nous pas la chose dans son individualité ? Sans doute, dans son individualité matérielle ;

mais cela ne suffit pas. Il faut qu'elle ait conservé le
caractère de chose donnée par l'ascendant, car l'article 747 nous dit « qu'il succède aux choses par lui
données ».

Or, la chose que le donateur a aliénée et qu'il a
recouvrée plus tard, a-t-elle conservé le caractère de
chose donnée vis-à-vis de l'ascendant qui prétend
exercer le retour ?

Oui, si le bien est rentré par l'effet d'une révocation
ou par l'effet de la résolution de l'acte même qui
l'avait fait sortir : si la vente, par exemple, a été
résolue par défaut de paiement du prix, ou bien,
encore, si l'aliénation a été résolue pour cause de
dol, parce que le donataire n'a aliéné qu'en fraude
du droit de retour : ainsi, il n'a vendu qu'avec l'as-
surance de retrouver le bien comme héritier de la
personne avec laquelle il a contracté. Dans ces
divers cas, il faut considérer le bien comme n'étant
jamais sorti du patrimoine du donataire. L'ascendant doit donc être écouté.

Non, lorsque le bien sera rentré dans le patrimoine
du donataire en vertu d'un titre nouveau. Le donataire, par exemple, après avoir vendu ou donné le
bien l'a racheté, ou encore, il lui a été légué ou
donné. Dans ces hypothèses, le bien, quoique se retrouvant en nature dans la succession, ne s'y trouve
plus avec la qualité de bien donné par l'ascendant ;
il n'y est qu'à titre de chose achetée ou de
chose héréditaire et il échappe par conséquent aux
dispositions de l'article 747. Si on décidait autrement, on pourrait se trouver en présence d'un conflit

impossible à trancher. Supposons, en effet, qu'un père donne à son fils un immeuble ; ce dernier l'aliène ; puis, plus tard, son aïeul en devient propriétaire et lui en fait donation entre vifs. L'enfant meurt sans postérité. Auquel des deux ascendants donateurs attribuerait-on le bien, si on ne décidait que l'aliénation qu'en a consentie le donataire, a fait perdre au premier donateur tous ses droits éventuels de retour ?

En effet, le père et l'aïeul tiendraient chacun le même raisonnement. Vous exigez, pour que je puisse avoir droit au retour, que la chose existe en nature dans la succession ; or, l'immeuble donné s'y retrouve ; donc, vous devez me l'adjuger. Auquel des deux, alors, accorder la préférence ?

Avec notre théorie, ce conflit n'existe pas : l'aïeul seul peut prétendre au retour successoral car lui seul peut dire : cet immeuble se retrouve en nature dans la succession et il s'y retrouve comme chose donnée par moi (1).

Après avoir dit que le retour légal ne s'exerce qu'autant que les objets donnés se retrouvent en nature dans la succession, le législateur semble aussitôt tomber en contradiction avec lui-même car il ajoute : « Si les objets ont été aliénés, les ascendants recueillent le prix qui peut en être dû. — Ils succè-

---

(1) Chabot, art. 747. n° 21 ; Malpel, art. 747, n° 135. — Marcadé, art. 747, n° 6.

dent aussi à l'action en reprise que pouvait avoir le donataire. »

Pourquoi cette disposition additionnelle ? Exiger, *in principio*, que les objets donnés se retrouvent en nature dans la succession, n'est-ce pas dire que les objets donnés doivent être encore là, *in specie*, dans leur substance corporelle, dans leur individualité physique ? N'est-ce pas déclarer, qu'une fois sortis du patrimoine, vendus, échangés, aliénés enfin, ils emportent, dès à présent, avec eux, toutes les chances d'une réversion future, qu'ils sont irréparablement soustraits au donateur ; que rien au monde ne peut les remplacer pour lui, rien, pas même l'émolument certain et les bénéfices palpables de leur aliénation.

Comment, dès lors, expliquer cette addition de l'article 747, *in fine ?* Faut-il y voir le développement pur et simple et l'application détaillée de l'alinéa précédent, et déclarer, en conséquence que, même dans ces deux cas, l'ascendant succède en réalité à la chose elle-même ? Faut-il y voir, au contraire, l'énoncé d'une règle nouvelle qui modifie la première pour en atténuer la rigueur ? Est-ce un corollaire ou une dérogation ? Une conséquence immédiatement déduite ou une contradiction juxtaposée ?

La controverse est vive et les solutions nombreuses.

Mais avant d'aborder l'exposé des systèmes, examinons rapidement les deux hypothèses prévues par le législateur.

En vertu de l'article 747 *in fine*, quoique la chose donnée n'existe pas en nature dans la succession du donataire, l'ascendant donateur peut néanmoins

exercer le droit de retour, dans un cas, sur le prix
encore dû de la chose vendue par le donataire, dans
l'autre, sur l'action en reprise de la chose aliénée.

1° Il succède au prix : si le prix n'a pas été payé
du tout, l'ascendant pourra en réclamer la totalité ;
si le prix a été payé en partie, l'ascendant succède
à la portion qui reste due.

Il est incontestable que ce mot « prix » a un sens
très général et qu'il s'applique non seulement aux
sommes d'argent, mais encore à toutes les choses,
d nrées, corps certains, meubles ou immeubles qui
devaient être livrés en paiement de la chose donnée.

Quid, si le donataire a été exproprié des biens données, pour cause d'utilité publique et meurt avant le
paiement de l'indemnité que lui accorde la loi du
3 mai 1841 ? Le droit de retour de l'ascendant pourra-
t-il s'exercer sur cette indemnité ? Nous le pensons
en nous basant sur l'article 18 de cette loi ; d'après
ce texte, en effet, tous ceux qui ont des droits réels
sur le bien sujet à expropriation, les feront valoir
sur le prix qui sera payé à l'exproprié.

S'il s'agit d'un immeuble assuré contre l'incendie,
nous ne croyons pas que le donateur puisse réclamer
l'indemnité due par la compagnie, lorsque le donataire est mort avant d'avoir perçu cette indemnité.
Dans cette hypothèse, en effet, la somme payée n'est
point un prix. Elle est le produit d'un contrat d'as-
surance. L'ascendant ne pourrait y prétendre.

Que décider lorsque l'objet donné a été aliéné moyennant une rente ? Sera-t-il permis à l'ascendant donateur de réclamer après le décès du donataire, les arrérages de cette rente, par ce motif qu'ils constituent le prix non encore payé de l'objet donné ?

D'après Marcadé, l'ascendant n'aurait pas ce droit parce que : « une fois que le droit de rente est établi et entré dans le patrimoine du donataire, le prix est payé; l'aliénation est consommée et l'ascendant n'a pas plus de droit aux arrérages qui échoient après la mort du donataire qu'il n'en aurait dans le cas d'une vente faite à prix d'argent aux intérêts de la somme reçue par ce donataire et placée par lui, chez un banquier ou ailleurs (1).

Ce raisonnement, quoique très subtil ne nous paraît pas acceptable, car il pèche par sa base.

En ce qui touche la rente perpétuelle, il n'est pas vrai de dire qu'une fois le droit de rente entré dans le patrimoine du donataire, le prix est payé et l'aliénation consommée puisque si le débiteur ne paie pas les arrérages, le crédi-rentier pourra demander la résolution de la vente pour défaut de paiement (art. 1184).

Ces arrérages constituent donc le prix non payé de la vente des biens donnés. Comment dès lors refuser à l'ascendant le droit de les réclamer ?

Il est évident que nous nous plaçons ici dans l'hypothèse où la rente est le prix direct de l'aliénation.

(1) Marcadé, t. III, n° 140.

Si après avoir déterminé d'abord ce prix en argent,
on l'avait ensuite converti en rente postérieument
au contrat, cette novation aurait eu pour conséquence d'éteindre irrévocablement le droit de l'ascendant.

En ce qui touche la rente viagère, cette assimila-
tion entre les arrérages et les intérêts n'est pas
exacte, puisque au fur et à mesure qu'on perçoit les
arrérages, la rente s'éteint partiellement, et elle est
éteinte d'une façon définitive lorsqu'on a perçu tous
les arrérages qu'elle était susceptible de produire.
En conséquence, l'ensemble des arrérages de la rente
constitue le capital entier. Si donc, au décès du donataire, il y a encore des arrérages a percevoir, ils
représentent une portion du capital, le reliquat du
prix de vente sur lequel l'ascendant pourra exercer
le retour.

2° Il succède a l'action en reprise, que pouvait avoir
le donataire, alors même que le bien n'est plus en
nature dans la succession et que le prix n'en est plus
dû.

Que faut il entendre par action en reprise? C'est
toute action soit réelle, soit personnelle, tendant à
obtenir le délaissement ou la restitution d'une chose (1)

Nous pouvons ranger les actions en reprise sous
deux catégories :

(1) Aubry et Rau, t. VI, § 608, note 38.

α) Celles qui naissent à l'occasion d'une aliénation résoluble, révocable, annulable et rescindable.

Telles sont par exemple : l'action en résolution pour défaut du paiement du prix ; l'action en réméré, l'action en révocation d'une donation, pour cause d'ingratitude ou d'inexécution des charges, ou de survenance d'enfants ; les actions en nullité pour vice de forme ou incapacité ; l'action en rescision pour cause de lésion, d'erreur, de dol ou de violence.

β) Les actions en reprise proprement dites, ou reprises matrimoniales et qui ont pour but des restitutions de dot ou d'apports dotaux, celles en un mot qui permettent à un conjoint de reprendre après la dissolution de la Communauté ou du mariage, dans la masse commune ou sur le patrimoine personnel de l'autre des valeurs propres ou dotales ou leurs équivalents.

Telles sont par exemple : l'action qui permet au conjoint donataire de prélever sur la masse ses biens personnels, lorsqu'ils se retrouvent en nature, celle qui lui permet au cas où les biens donnés ont été échangés de prendre ceux qui ont été acquis en échange (1407) ; celle qui lui permet au cas encore où les biens donnés ont été aliénés de prendre ceux qui ont été acquis en remploi (art. 1433-35-70-72-93) ; celle enfin qui lui permet au cas d'aliénation des biens et lorsque le remploi n'a pas eu lieu, de prélever le prix provenant de l'aliénation et tombé dans la Communauté (1433-70-72-93).

Trois principaux systèmes essaient d'expliquer la
disposition additionnelle de l'article 747 *in fine* : le
premier que nous nous permettrons de qualifier système de la déduction, pour bi n l'opposer aux deux
autres ; le deuxième dit de subrogation ; et le troisième dit de fongibilité qui n'est à vrai dire que l'extension du précédent.

Nous allons examiner chacun de ces systèmes et
disons-le, d'ores et déjà, tâcher de les réfuter.

1° *Système de la déduction.*

D'après ce premier système, l'article 747 pose une
règle unique : il la formule dans le premier alinéa,
il en fait une application dans le deuxième.

L'ascendant ne succède aux choses par lui données
qu'autant qu'elles se retrouvent en nature dans la
succession du donataire : voilà la règle

Il succède à la créance du prix et à l'action en reprise : voilà l'application.

La disposition du deuxième alinéa de l'article 747
n'est donc pas en contradiction avec le principe posé
par le législateur dans le premier alinéa. Elle n'en
est, au contraire, que la confirmation, la déduction
pure et simple, l'application détaillée, la conséquence
immédiate. L'ascendant en succédant à la créance du
prix et à l'action en reprise, succède en réalité à la
chose elle-même en nature, à la chose prise dans son
i lentité matérielle.

Il ne succède donc pas et ne peut pas succéder à
un équivalent, à une chose autre que celle qui a été
donnée.

Et, en effet, dit-on, l'aliénation ne fait obstacle au retour qu'autant qu'elle est complète et irrévocable; or, quand le prix est encore dû, l'aliénation n'est pas définitive, puisque à défaut de paiement du prix, le donateur vendeur peut, au moyen d'une action en résolution, recouvrer la chose vendue (art. 1654).

La pensée du législateur est donc celle-ci : tant que le prix n'est pas intégralement payé, l'aliénation n'est pas parfaite. En conséquence, le bien vendu peut, jusqu'à un certain point, être considéré comme étant encore en nature dans la succession et l'ascendant en exerçant le droit de retour sur la créance du prix, l'exerce non pas sur un équivalent mais sur la chose elle-même.

On raisonne de même en ce qui concerne les actions en reprise. La chose aliénée qui rentre dans le patrimoine du donataire par l'exercice d'une action en reprise est censée n'en être jamais sortie, car : *Qui habet actionem ad rem recuperandam, rem ipsam habere videtur.*

A l'appui de leur système et comme pour renforcer leur argumentation un peu chancelante, les auteurs qui le soutiennent invoquent le droit romain et l'ancien droit, aux réminiscences desquels, d'après eux, notre législateur a peut-être obéi.

En droit romain, en effet, et dans notre ancien droit français, la propriété de la chose vendue demeurait au vendeur non payé même après la tradition faite. C'est la théorie consacrée par la loi des Douze-Tables et consignée par Justinien dans les

Institutes (1). Elle a servi de base, sans doute, à l'article 176 de la Coutume de Paris et à l'article 58 de la Coutume d'Orléans Nous la trouvons mentionnée dans tous nos vieux auteurs. Pothier, notamment, sur l'article 458 : introduction au titre 20 de la Coutume d'Orléans s'exprime ainsi : « Le vendeur peut poursuivre sa chose même contre tous les détenteurs, car il en est toujours demeuré propriétaire suivant le § *Venditœ* (*Instit. de rer. divis.*).

Ferrière sur l'article 176 de la Coutume de Paris n'est pas moins explicite : « La propriété de la chose achetée quoique livrée à l'acheteur ne passe, en sa personne, que quand il en a payé le prix. »

Si les rédacteurs du Code ont abandonné cette maxime dans l'article 1583, du moins, ils ne l'avaient pas complètement perdue de vue dans l'article 747 et l'influence de cette ancienne idée les conduisit naturellement à maintenir dans l'espèce le retour légal, car aussi longtemps que le *de cujus* reste propriétaire il est vrai de dire que le bien vendu existe encore en nature dans la succession.

Tel est le système enseigné par Demolombe (2) défendu et propagé depuis par d'éminents jurisconsultes.

Quoique fort ingénieux et malgré l'autorité de ses partisans, nous doutons fort qu'il soit d'une exactitude irréprochable.

---

(1) *Institutes*, § 41, *De Divis rerum*, L. II, t. I.
(2) Demolombe, t. XIII, n° 524. — Laurent, t. IX, n° 185.

Dire d'abord que le législateur a obéi à une sorte de réminiscence de la législation romaine est semble-t-il une supposition gratuite, arbitrairement imaginée pour les besoins d'une cause. Comment ! les rédacteurs du Code venaient d'établir en thèse générale que la propriété serait désormais transférée par l'effet direct et immédiat de la convention ultérieurement à la délivrance effective de la chose et à plus forte raison au paiement du prix et, après avoir énoncé dans l'article 711 cette règle nouvelle, ils l'auraient subitement oubliée dans l'article 747 !

Il est aussi bizarre de prétendre que peut-être le législateur a voulu conserver un vestige de l'ancien droit. Nous avons vu, en effet, avec Pothier et Ferrière que la propriété de la chose vendue sans terme restait au vendeur non payé et cependant l'ascendant donateur ne pouvait même recueillir le prix encore dû (1).

Aujourd'hui d'après l'article 711, la propriété est acquise à l'acheteur *solo consensu* et cependant l'ascendant donateur recueille le prix encore dû et il le recueille, disent les partisans du système que nous réfutons, parce que le droit moderne aurait conservé quelques vestiges du droit ancien. Mais, s'il vous plaît, où sont ces vestiges ? Ce serait donc sous l'empire d'une législation contraire que les principes de

_____

(1) Lebrun, *Success.*, Liv. 2, Chap. 1re, section 1, no 63. Arrêt du Parlement de Paris du 8 janvier 1611 rapporté par Lepestre dans les arrêts de la cinquième. Arrêt du 19 juillet 1738, rapporté par Denisart (Vo *Propres*).

la législation abrogée commenceraient à produire leurs conséquences logiques. Quelle bizarrerie !

L'argument tiré du principe et des effets de l'action en résolution est loin d'être soutenable. Reprenons-le.

Le donataire vendeur, nous dit-on, peut au moyen d'une action en résolution recouvrir la chose vendue à défaut de paiement du prix (1654) ; cette chose peut être considérée comme existant encore en nature dans la succession et c'est sur elle en réalité que l'ascendant exercera le droit de retour en succédant à la créance du prix.

Cet argument que l'on pourrait à la rigueur soutenir, lorsque l'action en résolution existe encore, cesse d'être vrai quand par exemple le donataire créancier prix de vente a renoncé à cette action en résolution ou qu'elle est éteinte par prescription (comparaison des art. 2180 *bis* et 2265).

Dans cette hypothèse est-ce que le *de cujus* doit être sous aucun point de vue déclaré même conditionnellement propriétaire ? Est-ce que l'aliénation n'est pas irrévocable ?

Est-il vrai dès lors de dire que l'ascendant succède ici à la chose elle-même en nature ? Ne succède-t-il pas au contraire à une chose autre que celle qu'il a donnée ?

Nos adversaires répondent, sans doute, que c'est là une hypothèse tout à fait spéciale et complètement exceptionnelle. Il arrivera rarement, disent-ils, qu'un vendeur renonce à son action en résolution ; une telle renonciation constitue un fait anormal auquel

le législateur n'a certes pas pensé. Il a dû n'avoir
en vue que les cas les plus fréquents, c'est-à-dire
ceux dans lesquels l'action en résolution subsiste ;—
il a dû raisonner *de eo quod plerumque fit.*

Qu'il nous soit permis de dire avec Mourlon que
cette réponse n'est qu'une échappatoire : « Les cas où
l'action en résolution n'accompagne pas la créance
du prix sont en effet trop nombreux pour qu'ils n'aient
point frappé l'attention de la loi ; or, si elle a passé
outre, c'est que dans sa pensée sa disposition est indépendante de l'action en résolution (1) ».

Les critiques que nous venons de formuler en ce
qui concerne la créance du prix, nous les adressons
plus vives encore à nos adversaires à propos de l'action en reprise.

Sans doute, les actions en reprise ont quelquefois
pour objet la chose même en nature que l'ascendant
avait donnée. Ainsi, par exemple : un père donne
une maison à sa fille mariée sous le régime de la
communauté. Le mari acquiert comme chef de la
communauté le droit d'administrer cet immeuble et
d'en jouir ; mais quand vient la dissolution de cette
communauté, la femme a le droit de prélever l'immeuble dont elle a conservé la propriété (art. 1404-
1405, 1470 1°-1493 2°). Dans cette hypothèse, il est
vrai de dire que l'ascendant donateur en succédant à

____

(1) Mourlon, *Repétit. écrites*, C. c., II, p. 62.

l'action en reprise qui appartenait à sa fille, succède
à la chose donnée.

Mais le plus souvent les actions en reprise ont pour
effet d'opérer le recouvrement non de la chose elle-
même, mais de son équivalent; soit, par exemple,
le cas prévu par le deuxième alinéa de l'article 1460:
Un immeuble propre que l'un des époux avait reçu
d'un ascendant a été aliéné sans remploi et le prix
est tombé dans la communauté; l'action en reprise
qu'aurait le donataire et à laquelle succède le donateur n'aura point pour effet de remettre ce dernier
en possession de l'immeuble; elle lui permettra seulement d'en réclamer le prix. Il semble qu'au moins
ici l'ascendant succèdera à des choses autres que
celles qu'il a données.

Alors, comment dire, avec nos adversaires, que
le droit de retour s'exerce exclusivement sur les choses qui se retrouvent en nature?

Sans doute, ils nous répondent encore par une
subtilité : « L'ascendant, disent-ils, en succédant
ici à l'action en reprise ne reprend que ce qu'il a
donné. Les choses dont il s'est dépouillé au profit de
son enfant ont été, en effet, données avec cette des-
tination qu'elles passeraient immédiatement d'après
les conventions matrimoniales du donataire, de son
patrimoine dans celui de son conjoint ou de la communauté, sauf l'action en reprise qui d'après les mêmes conventions lui est expressément ou tacitement
réservée. Qui ne voit dès lors que la donation n'a
réellement pour objet dans l'espèce que cette action
en reprise? »

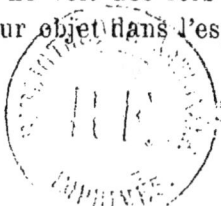

7

Lorsqu'un ascendant donne à un des époux par contrat de mariage des valeurs qui en vertu des conventions matrimoniales doivent être aliénées immédiatement et irrévocablement, il peut sembler juste de dire qu'en réalité la donation a eu pour objet une action en reprise.

Mais n'est-il pas des cas où une pareille explication est inadmissible. Supposons, par exemple : qu'un ascendant a donné un immeuble à sa fille ; longtemps après, la fille se marie, le bien donné est vendu et le prix tombe dans la communauté. La fille meurt ensuite et l'ascendant comme donateur réclame l'action en reprise. Certes, il est évident que cette action aura ici un tout autre objet que le recouvrement de la chose donnée.

Aussi les partisans de ce système, pour demeurer fidèles à leur principe, sont-ils obligés de déclarer que dans cette hypothèse, le droit de retour n'existe pas (1).

Et ils ajoutent même que dans le cas où la donation aurait été faite à l'enfant, soit par contrat de mariage, soit pendant le mariage, l'ascendant n'aurait plus de retour légal, si l'action en reprise qu'il avait donnée avait été exercée par l'enfant donataire lui-même de son vivant, car alors cette action en reprise, c'est-à-dire la chose donnée, n'existerait plus en nature dans la succession puisqu'elle aurait été, au contraire, éteinte et anéantie par le paiement.

---

(1) Demolombe, t. XIII, p. 650, n° 534.

Ce sont là, on le reconnaîtra, des décisions arbitraires et qu'il est difficile de justifier.

En outre, ces mêmes auteurs sont obligés de faire une distinction entre les donations antérieures et les donations concomitantes ou postérieures au contrat de mariage. En effet, il faut que la donation n'ait pas été faite avant le contrat de mariage ; autrement elle porterait de toute évidence sur les valeurs actuellement transmises et l'aliénation qui plus tard résulterait des conventions matrimoniales serait forcément extinctive du retour.

Mais sur quoi, je vous en prie, repose une pareille distinction. L'article 747 s'inquiète-t-il en quelque façon de l'époque à laquelle est intervenue la libéralité de l'ascendant et n'accorde-t-il pas dans tous les cas le retour de l'action en reprise?

Un système qui aboutit à des conséquences aussi arbitraires ne nous paraît pas soutenable. En vérité, ce n'est pas là interpréter la loi, c'est la faire.

II. — *Système de la Subrogation.*

D'après ce deuxième système, l'article 747 énonce deux règles parallèles :

1° Dans le 1er alinéa, il suppose que l'objet donné subsiste en nature dans son identité matérielle et alors il permet au donateur de le reprendre *in specie;*

2° Dans le 2me alinéa, il suppose que cet objet a été vendu ou échangé et alors il permet au donateur de reprendre non plus la chose elle-même puisqu'elle n'existe plus en nature, mais toutes les choses nouvelles qui la représentent d'une façon positive et certaine et qui ne seraient pas comprises aujourd'hui dans la succession du donataire, sans la libéralité de l'ascendant.

La loi subroge en un mot ces choses nouvelles aux choses données.

L'idée fondamentale de ce système est donc la suivante : l'ascendant doit reprendre tout ce dont il a enrichi soit directement, soit indirectement la succession du donataire ; toutes les fois qu'il pourra dire et établir avec certitude : voilà ce que j'ai donné ou voilà ce qui a été acquis avec ce que j'ai donné ; voilà ce que mon enfant n'aurait pas eu sans moi, le retour a lieu (1).

On voit très bien, dit-on, grâce à ce principe pourquoi le droit de retour s'applique à la créance du prix et à l'action en reprise. Pour la créance du prix, si elle se trouve dans la succession, c'est évidemment la donation qui en est cause ; l'action en reprise représente également dans la succession du donataire l'objet donné par l'ascendant.

Et rien ne montre que cette seconde partie de l'article soit limitative ; il y a, au contraire, des raisons majeures de la croire purement énonciative, sans quoi le législateur aurait commis une grande inconséquence ; il existe, en effet, d'autres choses qui proviennent aussi évidemment de la donation que les deux indiquées au texte, par exemple : les biens ac-

---

(1) Delvincourt, II. p. 38. — Duranton, II, p. 38. — Toullier, IV, no 245.

quis en échange des biens donnés. Il faut donc donner
à la pensée du législateur toute l'étenduc qu'elle comporte et admettre que le retour s'appliquera toutes
les fois que la chose actuellement existante dans la
succession du donataire représentera l'objet donné.

Les conséquences de ce système sont les suivantes :

a) L'ascendant donateur d'un immeuble succèdera
aux biens acquis avec le prix de l'immeuble donné
que le donataire a aliéné.

En effet, ce bien nouvellement acquis représente
le bien donné dans la succession du donataire. — Si
l'ascendant peut succéder à un droit de créance,
a fortiori, doit-il pouvoir succéder à la chose acquise,
laquelle représente la chose donnée d'une manière
plus directe et plus évidente qu'une créance de deniers.

Au surplus, les dispositions du Code civil contenues dans les articles 132, 1434 et 1435 militent par
analogie en faveur de cette opinion.

L'article 132 permet à l'absent qui reparaît, même
après l'envoi en possession définitif, de recouvrer le
prix de ses biens qui auraient été aliénés ou les biens
provenant de l'emploi qui aurait été fait du prix de
ses biens vendus.

En vertu des articles 1434 et 1435, les biens acquis
avec le prix des propres du mari ou de la femme
prendront la place des biens aliénés et seront considérés comme propres.

b) Il succèdera également aux biens acquis en
échange des biens donnés.

Il y succèdera parce que cette chose se trouve

dans la succession du donataire par l'effet médiat de la donation. Et, puisque l'article 747 admet l'ascendant à succéder à la créance du prix, il doit *a fortiori* l'admettre à recueillir l'objet acquis en échange, car ici la représentation est encore plus adéquate.

Il y a d'ailleurs, en faveur de cette solution, un argument tiré de l'ancien droit ; dans notre législation coutumière, l'héritier des propres paternels succédait à la chose acquise en échange d'un de ces propres. Il y a similitude parfaite entre ce cas et le cas qui nous occupe, puisque de part et d'autre il s'agit d'une succession à certains biens déterminés d'après leur origine.

Bien plus, les articles 1407 et 1559 du Code civil fournissent deux arguments d'analogie. En vertu de l'article 1407, l'immeuble acquis pendant le mariage à titre d'échange contre l'immeuble appartenant à l'un des époux, n'entre point en communauté et est subrogé aux lieu et place de celui qui a été aliéné, sauf la récompense, s'il y a soulte.

L'article 1559 dit à son tour : « que l'immeuble dotal peut être échangé..... » dans ce cas, l'immeuble acquis en échange sera dotal.

c) Enfin, l'ascendant donateur d'une somme d'argent succèdera aux biens acquis avec l'argent donné.

C'est toujours par l'effet médiat de la donation que la chose acquise se trouve dans le patrimoine du donataire. — Si les pièces de monnaie ne sont plus dans ce patrimoine, la valeur y existe représentée par le bien donné.

Nous ne pouvons admettre un pareil système parce que son point de départ est faux et que ses conséquences se heurtent au texte même de l'article 747.

a) Son point de départ est faux. Les subrogations sont, en effet, de droit étroit ; il faut donc une disposition spéciale du législateur pour les consacrer et on ne peut les étendre en dehors des cas prévus (1407-1559).

La règle en cette matière est la suivante : *In judiciis singularibus, res non succedit in locum pretii, pretium in locum rei.*

Il est vrai qu'aux yeux des partisans du système de subrogation, cette objection n'est pas fondée, car, d'après eux, elle fait une confusion entre la subrogation dans les titres universels et la subrogation dans les titres particuliers. En effet, disent-ils, il est bien certain qu'à l'égard des choses particulières la subrogation ne peut avoir lieu que dans les cas spécialement déterminés par la loi ; mais à l'égard des universalités de biens, il n'en est pas de même, et ici la subrogation se produit toujours par application de la maxime : *In judiciis universalibus res succedit in locum pretii et pretium in locum rei.* — « Quand il s'agit d'une universalité de biens et de droits universels, dit Renusson (1), s'il y a quelqu'une des choses comprises dans l'universalité de biens qui ait été changée et qui ait été convertie en une autre chose, la nouvelle succède aux lieu et place de l'an-

_____

(1) Renusson, *Traité de la Subrogation,* Ch. 1er.

cienne qui a été convertie et qui lui est subrogée ;
elle appartient à celui qui a l'universalité de biens,
c'est-à-dire à l'héritier et successeur qui est subrogé
de droit à celui auquel il a succédé. » Or, dans la
matière qui nous occupe, c'est à titre successif et en
qualité d'héritier que l'ascendant est appelé à exercer
le retour successoral et c'est une universalité de biens
qu'il est destiné à recueillir ; conséquemment, il peut
invoquer le bénéfice de la subrogation. »

Nous répondons que cette assertion est loin d'être
fondée. Sans doute, l'ascendant recueillera les biens
donnés en qualité d'héritier du donataire ; sans doute,
ces biens seront considérés en masse et comme universalité juridique lorsqu'il s'agira de déterminer la
part que l'ascendant donateur devra supporter dans
les charges de la succession.

Mais, sauf cela, il est clair que les biens donnés doivent être considérés chacun dans son individualité spéciale ; il est évident qu'il faudra les prendre un à un
pour voir s'ils rentrent dans les termes prévus par
l'article 747, et que, dès lors, comme disait Ferrière,
l'ascendant est véritablement successeur *in re singulari*.

En vertu du principe formulé plus haut que les subrogations sont de droit étroit, il faudrait donc ici,
pour qu'il y eût véritablement subrogation, une disposition formelle du législateur.

Si le droit de succéder au prix non encore payé et
à l'action en reprise appartient à l'ascendant, c'est

qu'il lui a été explicitement conféré par le Code. Lui accorde-t-il celui de réclamer les biens acquis avec le prix de l'objet donné, ou ceux acquis en échange des biens donnés ou ceux acquis avec l'argent donné? Non. Ne viole-t-on pas, dès lors, en le lui attribuant, la pensée même de la loi?

D'ailleurs, comme le dit fort bien M. Demolombe, « il y a remploi quand avec le prix d'un bien vendu on achète un autre bien ; or, dire que le droit de l'ascendant s'étend sur l'immeuble acquis n'est-ce pas aller tout au contraire de cette disposition formel e de notre article qui déclare que quand le prix est payé le droit de l'ascendant ne naît pas?

Aux arguments d'analogie, tirés comme nous l'avons vu des articles 132, 1434, 1435 et 1559, nous répondrons qu'ils ne nous satisfont pas davantage. Que prouvent ces articles sinon que pour qu'un bien soit subrogé à un autre, il faut une disposition expresse du législateur. Encore une fois cette disposition fait défaut et il ne dépend pas de nous d'y suppléer.

b). Les conséquences d'un pareil système se heurtent directement au texte formel de l'art. 747.

Sans doute, c'est par l'effet médiat de la donation que les biens acquis avec le prix des biens donnés se trouvent dans le patrimoine du donataire. Sans doute encore c'est par l'effet médiat de la donation que les biens acquis en échange des biens donnés ou ceux acquis avec l'argent donné se trouvent dans ce même patrimoine.

Mais là n'est pas la question à résoudre.

La seule, l'unique question, c'est de voir si ces biens nouvellement acquis rentrent suffisamment dans les termes de l'art. 747, pour être soumis au droit de retour.

Or, l'art. 747 nous paraît aussi formel que possible pour les exclure tous : « les ascendants, dit-il, succèdent... lorsque les objets donnés se retrouvent en nature. »

Qu'est-ce à dire, sinon qu'il faut que la chose donnée se retrouve dans son identité physique et matérielle ? Et cette règle que contient l'art. 747, nous la trouvons reproduite avec les mêmes expressions dans les art. 351 et 766 relatifs aux deux autres cas de successions anomales.

Ajoutons, en terminant, que nous sommes ici en présence d'une disposition exceptionnelle : notre article 747 établit une succession particulière, régie par des règles qui lui sont propres et qui la placent en dehors du droit commun. Il faut donc s'attacher scrupuleusement aux termes de la loi, sous peine de tomber dans l'arbitraire.

III. — *Système de la Fongibilité.*

Il est des auteurs qui ne s'en tiennent pas à cette idée de subrogation que nous venons de réfuter, et attribuent à la disposition de l'art. 747 une portée encore plus large et un développement plus exagéré.

Ils décident que l'ascendant qui a donné une somme d'argent ou des denrées, peut exercer le retour, lorsqu'au décès du donataire, il se trouve dans sa succession de l'argent ou des denrées de même qualité que celui ou celles qui ont été données. Et peu importe que ces sommes ou ces denrées actuellement comprises dans la masse héréditaire proviennent de la donation primitive par une voie directe ou indirecte ; il suffit que l'on rencontre des valeurs semblables, analogues ; la représentation est présumée *ipso jure* et conséquemment la preuve n'a pas besoin d'en être fournie (1).

Cette opinion repose sur une idée de fongibilité. L'argent et les denrées rentrent dans la catégorie des choses *quæ pondere, numero mensurare constant* et que la loi appelle *fongibles*, c'est-à-dire « dont la nature est telle que d'une part on ne peut s'en servir sans les consommer au moins civilement, et que d'autre part, elles peuvent être entièrement et parfaitement représentées par des espèces du même genre, savoir par des espèces du même poids, du même nombre et de la même mesure : *Aliæ aliarum vice funguntur.* »

Pour ces sortes de choses, le genre tient lieu de l'espèce et par conséquent, elles existent en nature, tant que leur genre tout entier existe.

Partant de ce principe et continuant à avancer dans cette voie glissante, on va jusqu'à admettre le retour dans le cas où l'ascendant ayant donné une somme d'argent, il ne se retrouvera dans la succession du donataire que des obligations, des billets ou

_____

(1) Chabot, art. 747, n° 22. — Toullier, II, n° 245. — Grenier, II, n° 598.

des effets publics ou réciproquement : « Des obligations, des billets, des effets publics ne sont pas autre
chose que la représentation du numéraire que les
souscripteurs ont reçu et sont obligés de rendre ; ce
sont des titres qui donnent au possesseur l'action de
ravoir son argent ; le possesseur est donc censé avoir
dans son patrimoine, l'argent même en nature que
représentent ces obligations, billets ou effets publics (1). ».

C'est le système adopté aussi par la jurisprudence (2).

Nous devons le repousser parce que : 1° le prétendu
principe de fongibilité qui lui sert de base n'existe
pas en réalité ; 2° les conséquences auxquelles il
aboutit se heurtent encore comme le système de la
subrogation au texte même de l'article 747.

I. — *Il n'y a pas de fongibilité.*

L'argent, les denrées, nous disent M. Chabot et les
autres, sont des choses fongibles de leur nature,
c'est-à-dire de celles dont on peut faire usage sans
les consommer et qui peuvent être parfaitement représentées par des choses du même genre.

---

(1) Chabot, art. 747, n° 22.
(2) Cour de Cass., 30 juin 1817 ; S., 1817, 1, 313. — Rouen,
11 janvier 1816 ; 2, 49.

Ces auteurs ne s'aperçoivent pas sans doute qu'ils
font une véritable confusion. Ils oublient que c'est
d'après la loi et l'intention des parties et non d'après
la nature d'un objet, que cet objet est ou n'est pas
fongible.

a) D'après l'intention des parties.

Ainsi je vous prête comme jetons des pièces de
monnaie, auxquelles je tiens tout spécialement, à
raison soit de leur origine, soit de leur date, soit de
leur effigie ; vous ne pouvez pas vous libérer envers
moi en me remboursant des pièces de même valeur,
il faudra nécessairement que vous me restituiez ces
pièces elles-mêmes qui ont fait l'objet du prêt parce
que c'est leur individualité et non leur valeur que
nous avons considérée.

Si je vous prête, au contraire, 100 francs en pièces
de 10 francs, vous ne serez pas tenu de me rembourser les 10 pièces elles-mêmes ; il me suffira de
recevoir le montant du prêt, 100 francs, en pièces
d'or ou d'argent, peu importe ; ici, en effet, contrairement à l'hypothèse précédente, nous avons eu en
vue non l'individualité des pièces, mais leur valeur.

b) D'après la loi.

Ainsi, l'article 1238 suppose effectué par un non
propriétaire ou un incapable « le payement d'une
somme en argent ou autre chose qui se consomme
par l'usage, » et il décide que la répétition ne
pourra être exercée contre le créancier dans l'hypothèse où les objets payés « auront été consommés de
bonne foi » ; or, s'il était vrai, comme on le prétend, que les denrées, que l'argent, fussent es-

sentiellement fongibles de leur nature, le créancier serait toujours passible d'une action sinon réelle, au moins personnelle, du moment qu'il serait propriétaire de quantités ou de valeurs équipollentes.

L'article 1250 2°, déterminant les conditions requises pour la validité de la subrogation conventionnelle, dispose : « Lorsque le débiteur emprunte une somme, à l'effet de payer sa dette et de subroger le prêteur dans les droits du créancier, il faut, pour que cette subrogation soit valable, que l'acte d'emprunt et la quittance soient passés devant notaires ; que dans l'acte d'emprunt il soit déclaré que la somme a été empruntée pour faire le paiement et que dans la quittance, il soit déclaré que le paiement a été fait des deniers fournis, à cet effet, par le nouveau créancier. »

Ici, encore, s'il était vrai de dire qu'une pièce d'or ou d'argent est fongible de sa nature, le Code n'exigerait pas la constatation authentique de l'origine et de l'emploi des deniers empruntés.

En un mot, toutes les choses, soit qu'elles se consomment ou ne se consomment pas, par l'usage, peuvent être tour à tour envisagées sous deux rapports différents : *in specie*, si on a égard à leur individualité physique, matérielle ; *in genere*, si on apprécie leur valeur seulement. Envisagées *in specie*, elles ne sauraient admettre aucune représentation ; envisagées *in genere*, elle seront, au contraire, parfaitement représentées par des pièces équivalentes.

Eh bien, dans le cas qui nous occupe, sous quel

rapport, le législateur a-t-il considéré les choses données par l'ascendant ?

Il est manifeste qu'il a considéré cet argent, ce blé, ce vin dans leur espèce, *ut corpora,* comme corps certains et déterminés ; il est manifeste qu'il n'a pas voulu voir dans l'ascendant donateur un créancier de quantités et, ce qui le prouve, c'est l'expression dont se sert l'article 747, lorsqu'il nous dit que les choses doivent se retrouver en nature dans la succession. S'il eût voulu admettre des équivalents, il eût employé les termes dont il s'est servi dans l'article 1892, et il eût dit : « lorsqu'il se retrouvera des choses de même espèce et qualité. »

II. — *Les conséquences de ce système se heurtent au texte de l'article 747.*

Ses partisans, en effet, attribuent ou s'exposent à attribuer à l'ascendant des denrées et des sommes d'argent qui ne proviennent pas de la donation primitive et qui sont peut-être le résultat du travail ou de l'industrie du donataire. — Ils nous répondent sans doute que si l'ascendant n'avait rien donné, il y aurait en moins dans la succession du donataire une somme égale à celle donnée ; or, cette somme qui se retrouve en plus, il faut nécessairement l'attribuer à l'ascendant parce que de deux choses l'une : ou elle n'est rien autre que la somme donnée, alors pas de difficulté ; ou elle la représente et dans ce cas, étant du même genre qu'elle, le retour est possible.

Il est facile de répondre à ce dilemme, en répétant ce que nous avons déjà démontré, à savoir que l'article 747 considère les choses dans leur individualité; il les envisage comme espèce et non comme quantités et exclut ainsi toute représentation d'une chose par une autre, tout équivalent.

D'ailleurs, rien ne prouve que la somme dont il s'agit soit la représentation de celle que l'ascendant a donnée. Il peut se faire, en effet, que le donataire ait perdu, dissipé toute sa fortune, y compris naturellement la somme dont il avait été gratifié par l'ascendant et que plus tard, il l'ait rétablie par l'effet de son travail ou même du hasard. A quel titre alors permettre à l'ascendant de reprendre la somme donnée?

Sans doute, notre solution est rigoureuse, car elle aboutit en quelque sorte à rendre à peu près impossible l'exercice du retour, lorsque la chose donnée consistera en une somme d'argent ou en denrées. — Mais telle est la loi. *Dura lex, sed lex.*

Le système de nos adversaires est par contre vraiment trop large et trop facile; d'après eux, en effet, pour que le droit de retour ne puisse avoir lieu, il faut supposer le cas excessivement rare où la succession ne comprend ni numéraire, ni créances, ni billets, ni effets de commerce, ni biens achetés depuis la donation.

Nous déciderons donc que le retour ne sera possible : pour les denrées, que dans le cas où elles se retrouveront *in specie;* pour le numéraire, que dans le cas où le donataire ne s'en sera pas dessaisi, ou

l'aura placé en dépôt chez un tiers ; pour les créances, que dans le cas où elles n'auront pas été rem-
boursées, ou lorsqu'ayant été transportées, le prix
n'en aura pas été payé. Dans toutes ces hypothèses,
la preuve incombe au donateur qui peut du reste
l'établir par toutes sortes de moyens et même par de
simples présomptions (art. 1348, 1353).

Nous avons repoussé le système que nous avons
qualifié « de la déduction » parce qu'il est trop res-
trictif ; le système de la subrogation et de la fongibilité, parce qu'ils sont trop extensifs.

Le premier refuse, dans certains cas, l'exercice du
retour, en ce qui concerne la créance du prix et les
actions en reprise, alors que la loi ne fait aucune
restriction.

Les deux autres étendent arbitrairement la portée
de l'article 747 à des hypothèses que le législateur
n'a point prévues.

Mais alors, quelles considérations ont inspiré la
deuxième partie de ce texte et quelle portée lui donner ?

Devant le silence des travaux préparatoires et le
laconisme des rédacteurs du Code, avec un éminent
jurisconsulte (1), nous ne pouvons qu'avouer notre
ignorance en cette matière.

L'incertitude la plus absolue existe, par consé-

(1) Mourlon, t. II, p. 70, no 134 *ter*.

quent, sur le point de savoir quelle a été la véritable pensée de la loi.

Dans ce doute, et au lieu d'ériger tel ou tel système qui ne peut reposer que sur l'arbitraire, le mieux est de s'en tenir purement et simplement au texte : ni restriction, ni extension.

L'article 747 nous dit que l'ascendant succèdera aux choses qu'il a données, si elles se retrouvent en nature dans la succession. Il s'en suit que lorsque cette condition sera remplie, le retour devra avoir lieu.

Il ajoute qu'il succèdera également à la créance du prix et à l'action en reprise ; par conséquent toutes les fois que cette créance ou ces actions en reprises se trouvent dans la succession du donataire, il faudra permettre à l'ascendant d'exercer sur elles le retour, soit qu'elles aboutissent à faire rentrer dans le patrimoine du *de cujus* l'objet lui-même en nature ou son équivalent.

Mais le texte ne parlant ni de l'objet acheté avec l'argent donné, ou avec le prix provenant de la vente de l'objet donné ; ni de la chose échangée avec la chose donnée etc... nous devrons refuser dans ces diverses hypothèses l'exercice du retour.

Avec notre solution, nous avons la certitude d'éviter l'arbitraire et de ne point violer la pensée de la loi.

CHAPITRE V

Effets du Retour successoral

Les effets du droit de retour découlent de la qualité même d'héritier qui est reconnue à l'ascendant donateur.

Comme tout héritier, il doit : 1° Respecter les aliénations partielles consenties par le donataire et subir les diminutions de valeur de l'objet donné. 2° Contribuer au paiement des dettes de la succession.

a) Il doit respecter les aliénations partielles etc.

Nous disons aliénations partielles car si le donataire a disposé de la chose en totalité et d'une manière définitive, il ne saurait être question des effets du retour puisque le droit de l'ascendant est complètement anéanti.

L'ascendant donateur doit donc subir toutes les dispositions partielles qui sont venues amoindrir l'objet donné dans le patrimoine du *de cujus* ; celui-ci a-t-il vendu une partie de la maison ou du champ qui avaient fait l'objet de la donation, l'ascendant n'exercera son droit que sur la partie qui reste.

Il subira les constitutions d'usufruit, d'usage, d'habitation, les établissements de servitude. Il supportera enfin l'hypothèque consentie par le donataire ; nous verrons un peu plus loin dans quelle mesure.

Le donateur reprend les biens donnés, tels qu'ils se comportent, dans l'état où ils se trouvent. Ont-ils diminué de valeur : le *de cujus* a par exemple devancé l'époque de la coupe de bois ; il a démoli des constructions ; l'ascendant ne peut pas se plaindre : le donataire n'a fait qu'user de son droit.

Ont-ils augmenté de valeur ? Si cette augmentation est accidentelle ou naturelle, le donateur en profite évidemment.

Ainsi, par exemple, le bien donné était grevé de servitudes personnelles ou réelles, postérieurement éteintes par la mort de l'usufruitier (art. 617), par la perte du fonds dominant (art. 703), par l'expiration du terme, par le non usage (art. 617 et 706).

Le bien donné est devenu lui-même héritage dominant grâce à la situation naturelle des lieux ou aux obligations imposées par la loi (art. 639).

Le travail imperceptible et continu des alluvions, atterrissements et relais l'a successivement augmenté (art. 556 et 557).

Il s'est encore étendu par l'accession des fragments plus ou moins considérables que la violence d'un fleuve a subitement détachés d'une terre riveraine (art. 559).

Il était situé sur le bord d'une rivière ni navigable, ni flottable, au sein de laquelle une île s'est formée (art. 561).

La formation de l'île, l'accession des champs emportés, les alluvions, atterrissements et relais, la création ou l'extinction forcée des servitudes, tous ces accroissements accidentels qui n'ont, aucunement diminué ou appauvri le patrimoine du *de cujus*, ne peuvent être pour les héritiers l'occasion et la source d'une créance.

En est-il de même si l'augmentation provient des dépenses faites par le donataire, si l'amélioration est l'œuvre du donataire?

Le donateur, par exemple, a par le rachat des services fonciers opéré à prix d'argent l'affranchissement de l'héritage.

Il a acquis, à titre onéreux, une servitude sur un immeuble voisin.

Il a construit sur son terrain une maison, un bâtiment, un édifice quelconque.

Il y a placé des objets mobiliers à perpétuelle demeure (art. 524 et 525).

Par ses impenses, il a conservé le bien donné, il lui a procuré une plus-value il en a augmenté l'agrément.

Il a payé les frais de labour et de semence et les récoltes ne sont pas encore faites, ni les fruits coupés au moment où s'ouvre le droit de retour.

Dans ces hypothèses et autres semblables, le donateur devient sans aucun doute propriétaire de toute chose accessoirement unie, incorporée, identifiée à la chose principale dont elle forme, désormais, un élément constitutif et une partie intégrante : *accessorium sequitur principale accessorium solo cedit*.

L'ascendant donateur peut-il reprendre ces biens sans indemnité ou, au contraire, est-il obligé d'indemniser les héritiers venant à la succession ordinaire?

Il peut les reprendre sans indemnité, disent certains (1), parce que l'article 747 ne fait aucune distinction entre la chose qui a été donnée et les accroissements qui sont venus l'augmenter. Tant pis pour l'ascendant si les biens ont été détériorés ; tant mieux pour lui s'ils ont été améliorés ; en d'autres termes, s'il est obligé de subir les mauvaises chances, il faut par un esprit de justice et d'équité, le faire profiter des bonnes.

Outre ce motif, ils invoquent la jurisprudence des pays coutumiers où dominait incontestablement la maxime qu'il n'est pas dû de récompense d'estoc à estoc, c'est-à-dire que les détériorations subies et les améliorations éprouvées par le fait du défunt ne peuvent créer une obligation quelconque, active ou passive, dans les rapports de l'héritier des propres avec l'héritier des acquêts (2).

Cette solution ne nous paraît pas conforme aux principes juridiques. L'ascendant reprend, dit la loi, les choses par lui données ; or, s'il reprenait la chose

_____

(1) Demante, t. III, n° 57 *bis*. — Demolombe, t. XIII, n° 559. — Toullier. t. II, n° 232.

(2) Lebrun, *Success.*, liv. 2, ch. V. — Pothier, *Succ.*, chap. V, art. 2. Denisart (V° *Propres*).

améliorée sans indemnité, il reprendrait plus que sa libéralité, et ce n'est pas possible.

Sans doute, il supporte les détériorations, mais il les avait prévues, acceptées; il savait qu'il reprendrait peut-être moins, peut-être pas du tout, mais jamais il n'a dû songer à reprendre plus qu'il n'avait donné, en présence de la loi qui ne lui accorde que le retour des choses données. L'aléa qu'on introduit n'existe donc pas en réalité si on consulte l'intention présumable du donateur. Il a pris à sa charge les risques de perte sans prendre les chances de gain : celui qui donne ne spécule pas.

D'ailleurs, n'est-il pas de droit commun qu'on ne peut s'enrichir aux dépens d'autrui. Il serait vraiment singulier de faire fléchir cette règle essentiellement juste par des considérations d'équité en faveur du donateur.

Ne peut-on pas enfin argumenter de ce qui se passe au cas d'envoi en possession définitif des biens de l'absent. L'absent de retour n'a le droit d'exiger aucune indemnité pour cause de détériorations; il ne peut cependant pas reprendre ses biens sans tenir compte des améliorations (art. 132).

Quant à l'argument tiré de l'ancien droit, il n'a rien à faire ici, car le Code a repoussé l'antique distinction des propres et des acquêts; il ne forme plus qu'une seule masse de tous les biens héréditaires.

Ce qui prouve bien, d'ailleurs, le peu de confiance de nos adversaires dans leur système, c'est qu'ils refusent de l'appliquer au cas d'agrandissement de l'enceinte d'un enclos. Ils repoussent ici l'argument d'analogie qu'ils devraient tirer de l'article 1019 et décident que cet agrandissement ne pourrait être réclamé par l'ascendant.

Comme conséquence de notre opinion, nous arrivons à décider : 1° que l'ascendant doit une indemnité à raison des impenses utiles faites par le donataire sur le fonds, mais jusqu'à concurrence seulement de la plus-value ; 2° qu'il doit rembourser intégralement les impenses nécessaires, c'est-à-dire celles faites pour la conservation de la chose ; 3° qu'il ne doit rien pour les dépenses voluptuaires, sauf aux héritisrs de la succession ordinaire à enlever ce qu'ils pourront sans détériorer la chose donnée ; 4° que si le fonds est ensemencé lorsque le retour s'ouvre, l'ascendant doit les frais de semences et de labours, conformément à l'article 548 (1).

b) Il doit contribuer au paiement des dettes de la succession.

L'article 724 nous dit, en effet, que « les héritiers légitimes sont saisis sous l'obligation d'acquitter toutes les charges de la succession ».

Nous avons démontré dans le chapitre relatif à la nature du droit de retour que l'ascendant donateur était héritier légitime et saisi ; il doit donc subir les conséquences attachées à son caractère.

(1) Chabot, art. 747, n° 25. Duranton, t. VI, n° 246. — Laurent, t. IX, n° 199. — Marcadé, art. 747, n° 7.

Comme un héritier ordinaire, il sera tenu de contribuer aux dettes, même *ultra vires emolu menti*, s'il
accepte purement et simplement; il ne sera tenu que
jusqu'à concurrence des biens recueillis s'il accepte
sous bénéfice d'inventaire.

Pour déterminer cette part de l'ascendant dans les
dettes, on appréciera les biens qui lui font retour; si
la valeur résultant de cette estimation représente un
quart ou un tiers de la succession, il payera un quart
ou un tiers des dettes. Soit un actif de 30,000 francs,
un passif de 15,000 francs, l'ascendant prélève, je
suppose, 10,000 francs de biens donnés, c'est-à-dire
un tiers du patrimoine; il acquittera un tiers des
dettes ou 5,000 francs s'il est en concours avec un
seul héritier.

Mais quelle va être sa situation vis-à-vis des créanciers? Ceux-ci auront-ils la faculté de poursuivre directement l'ascendant donateur? S'ils peuvent exercer ce droit, comment le règleront-ils? Seront-ils
obligés de le suspendre jusqu'à la liquidation de la
succession?

On admet généralement que l'ascendant donateur
étant héritier du défunt est tenu de subir la poursuite directe des créanciers de la succession.

Mais on ne s'entend pas sur le *quantum* de ce droit,
ni sur la manière dont les créanciers doivent l'exercer.

En effet, la règle générale posée par l'article 1220
et en vertu de laquelle les héritiers sont poursuivis

pour leur part héréditaire, ne paraît pas ici applicable puisque la part héréditaire de l'ascendant donateur n'est pas connue. Il faut donc se demander si les créanciers seront contraints de rester dans l'inaction jusqu'au jour où il aura plu aux héritiers de déterminer par une estimation la part contributoire de chacun d'eux.

D'après MM. Zacchariae, Aubry et Rau, l'ascendant est soumis à l'action directe des créanciers, mais ceux-ci s'ils le jugent convenable et s'ils ne veulent pas différer l'exercice de leur action jusqu'au règlement de la liquidation, pourront s'en tenir exclusivement aux actions qui leur compètent contre les héritiers pour les contraindre au paiement de leurs parts héréditaires, sauf à ces derniers leur recours contre les successeurs universels.

Nous n'adoptons pas ce système. Il serait injuste à nos yeux de faire bénéficier l'ascendant donateur de tous les avantages attachés à son titre d'héritier légitime et de ne pas lui en imposer les obligations. Il serait injuste de faire subir aux héritiers ordinaires la poursuite des créanciers héréditaires pour une part de passif correspondant à l'actif, qui est dévolu à l'ascendant donateur d'après l'article 747.

A notre avis, par conséquent, les créanciers actionneront l'ascendant comme tout autre héritier; mais ils l'actionneront pour une part virile c'est-à-dire pour une part calculée d'après le nombre des héritiers, par exemple : pour le tiers, le quart ou le cin-

quième de la dette, selon que l'ensemble des biens
sera dévolu à trois ou quatre ou cinq personnes.

Il en était ainsi dans notre ancien droit coutumier
et c'est là un premier argument en faveur de notre
opinion.

Au lieu d'appeler chacun des successibles indistinctement à une fraction aliquote d'un patrimoine
unique, les Coutumes avaient établi différentes classes de biens qu'elles attribuaient à différentes classes
d'héritiers : les uns succédaient aux acquêts, les autres aux propres et parmi ces derniers certains succédaient aux propres paternels, d'autres aux propres
maternels etc...

Avec un pareil système, il est facile de comprendre
qu'un laps de temps parfois considérable était nécessaire pour arriver à une liquidation définitive et à la
détermination exacte de la portion de dettes incom-
bant à chaque héritier. Il ne fallait pas pourtant con-
damner les créanciers à une inaction absolue tant
que la liquidation était pendante; c'eût été porter
une grave atteinte à des droits éminemment respectables; on les autorisa donc à poursuivre dans cet
intervalle contre les héritiers le paiement de leur
créance et comme la portion héréditaire de chacun
n'était pas encore déterminée, ils réclamaient à chacun des héritiers la part virile, sauf plus tard à l'héritier qui avait payé plus que sa part héréditaire à
exercer un recours contre les autres.

Pourquoi n'en serait-il pas de même en matière de
retour successoral où la loi considère la nature et
l'origine des biens ? Si l'article 732 abroge l'ancien

système de division des successions d'après l'origine
des biens, l'article 747 en conserve néanmoins une
application dans sa disposition exceptionnelle et cette
dérogation au nouveau principe de l'article 732, rap-
pelle dans une certaine mesure les complications du
système coutumier; ce n'est pas en effet à une fraction de l'unité mais a des choses particulières que
l'ascendant donateur succède ; il y a donc des exper-
tises, des estimations à faire, des délais sont par conséquent indispensables pour arriver à une liquidation
définitive. Il serait injuste de subordonner à des len-
teurs inévitables, l'exercice du droit des créanciers.
Il faut donc leur permettre comme dans l'ancien droit
de réclamer à l'ascendant donateur la part virile,
puisque sa part contributoire est encore indéterminée.

L'article 873 pourrait peut-être aussi apporter un
deuxième argument en faveur de notre opinion. Il
s'exprime ainsi : « Les héritiers sont tenus des dettes
et charges de la succession, personnellement pour
leur part et portion virile ». Quelle serait la raison
d'être de cet article si on n'en trouvait précisément
l'explication dans le cas qui nous occupe. En effet,
pourquoi les créanciers réclameraient-ils une part
virile lorsque la part héréditaire est connue, déterminée à l'avance ? Aussi l'article 1220, dit-il, avec
juste raison, que « les héritiers ne sont obligés à
payer la dette que pour les parts dont ils sont tenus
comme représentant le débiteur ». Si donc l'article 873
s'exprime tout autrement, c'est que peut-être le législateur songeait à l'hypothèse toute exceptionnelle du
retour successoral.

Quoiqu'il en soit la règle établie par le droit coutumier nous paraît très équitable, et à défaut d'autre argument ce seul motif nous la ferait admettre. — Mais la présence de l'ascendant donateur, ainsi que le fait remarquer M. Demolombe ne saurait modifier en rien la manière dont les autres héritiers sont tenus des dettes Si donc on suppose que le défunt donataire ait laissé un ascendant donateur, son père, sa mère et un frère, l'ascendant donateur sera poursuivi pour le quart du passif; sur les trois quarts qui resteront le frère sera poursuivi pour moitié et le père et la mère pour un quart.

Notre solution, nous devons le reconnaître, aboutira dans certains cas à léser l'ascendant donateur; telle, par exemple, l'hypothèse où l'ascendant n'exerçant le retour que sur des biens d'une valeur minime sera peut être contraint de payer un chiffre de dettes de beaucoup supérieur. Mais il sera toujours possible à l'ascendant d'échapper au danger de cette situation; il lui suffira de demander un délai afin de mettre en cause les autres héritiers, et faire fixer ensuite au moyen d'une liquidation la part contributoire de chacun.

Quid si par l'effet de l'hypothèque dont l'immeuble donné était grevé, l'ascendant a payé plus que sa part de dettes; aura-t-il un recours contre les héritiers ordinaires?

Non, disent certains auteurs. D'abord le donataire pouvait disposer de l'immeuble et en priver l'as-

cendant par une aliénation directe, il l'en a privé
indirectement par une constitution d'hypothèque.
De quel droit dès lors l'ascendant pourrait-il réclamer ? Ensuite il était permis à l'ascendant de délais-
ser l'immeuble ; pourquoi ne l'a-t-il pas fait ? C'est
à lui à supporter les conséquences de son absten-
tion (1).

Nous ne partageons pas cette manière de voir ;
l'hypothèque, en effet, ne constitue une aliénation ni
totale, ni partielle ; elle n'est qu'une sûreté spéciale
offerte au créancier. La dette qu'elle garantit n'en
garde pas moins son caractère de dette personnelle
et comme telle doit rester à la charge de l'universalité du patrimoine ; partant l'ascendant donateur
doit avoir son recours contre les autres héritiers.

L'ascendant doit enfin à raison de sa qualité d'héritier contribuer non seulement au paiement des
dettes, mais encore à l'acquittement des legs d'objets
déterminés qui grèveraient la succession du *de cujus*
(art. 724). Il y contribuera dans la proportion de la
valeur des biens qu'il reprend, comparée à celle des
autres biens de l'hérédité.

---

(1) Massé et Vergé, t. ii, p. 291.

CHAPITRE VI

Conciliation du Droit de Retour avec le calcul de la
Réserve et de la Quotité disponible. (Art. 747 et 915).

Nous abordons dans ce chapitre, l'examen d'une
question très difficile, très délicate et sur laquelle de
longtemps encore les auteurs n'arriveront pas à se
mettre d'accord; nous voulons parler de la combinaison des règles de la succession anomale avec
celles de la réserve et du rôle que les biens donnés
par l'ascendant doivent jouer dans les questions de
quotité disponible et de réserve.

Mais il importe d'abord de se demander si l'ascendant donateur a une réserve dans la succession anomale.

Qu'entend-on par réserve? C'est, nous disent
MM. Aubry et Rau, le droit héréditaire des parents
en ligne directe, en tant qu'il est garanti jusqu'à
concurrence d'une certaine quotité de biens contre
les dispositions entre vifs ou testamentaires de la
personne à laquelle ils sont appelés par la loi (1). La

(1) Aubry et Rau, t. VI, p. 679.

loi ne cite comme héritiers réservataires que les ascendants et les descendants, et aussi les enfants adoptifs et naturels.

Nous n'avons à nous occuper ici que de la réserve des ascendants régie par l'article 915, ainsi conçu : « Les libéralités par acte entre vifs ou par testament, ne pourront excéder la moitié des biens si, à défaut d'enfants, le défunt laisse un ou plusieurs ascendants dans chacune des lignes paternelle et maternelle et les 3/4 s'il ne laisse d'ascendants que dans une ligne. Les biens ainsi réservés aux ascendanls seront par eux recueillis dans l'ordre où la loi les appelle à succéder ; ils auront seuls droit à cette réserve dans le cas où un partage en concurrence avec des collatéraux ne leur donnerait pas la quotité à laquelle elle est fixée. »

Tandis que pour la réserve des descendants, le législateur prend en considération le nombre des héritiers, dans la réserve des ascendants, au contraire, il prend pour base leur division en deux lignes : ligne paternelle et ligne maternelle.

Après ce rapide aperçu, demandons-nous de nouveau si l'ascendant donateur de l'art. 747 a une réserve dans la succession anomale, tout comme l'ascendant de l'article 915 en a une dans la succession ordinaire.

Quelques auteurs, parmi lesquels Massé et Grenier, se sont prononcés pour l'affirmative (1).

_____

(1) Massé, Le parfait notaire, t. Ier, p. 353. — Grenier, t. II, no 598.

Il ressort, disent ces auteurs, du système de notre Code, qu'un ascendant ne peut pas être héritier sans être en même temps réservataire ; ce sont là deux qualités qui s'appellent l'une l'autre et marchent toujours de front ; parler d'un ascendant héritier, c'est parler implicitement d'un héritier réservataire. Il en était ainsi dans les pays de Coutume et on paraît avoir admis une réserve au profit de l'ascendant donateur. Les rédacteurs de notre Code, par conséquent, n'ont fait que suivre, en cette matière, la tradition de l'ancien droit.

D'ailleurs, ajoutent ces mêmes auteurs, du moment que le droit de réserve appartient à tous les autres ascendants, *a fortiori* devrons-nous le reconnaître à l'ascendant donateur le plus favorable et le plus favorisé, relativement aux choses par lui données puisqu'il y succède à l'exclusion de tous autres.

Au surplus, il serait étrange que l'enfant eût vis-à-vis de l'ascendant donateur sur les biens qu'il a reçus de lui une plus large faculté de disposition que vis-à-vis de ses autres ascendants sur des biens qui ne proviennent pas d'eux.

Quel sera le *quantum* de cette réserve ? Il sera toujours de la moitié de la chose donnée nous répondent ces auteurs.

L'ascendant, en effet, succédant seul à cette chose, représente toujours à l'égard de cette chose les ascendants des deux lignes ; il réunit en sa personne tous leurs droits et cela a lieu soit qu'il y ait ou n'y ait point d'ascendants dans l'autre ligne.

9

Cette doctrine a été unanimement repoussée ; elle est en effet en contradiction flagrante avec les principes consacrés par la loi.

1º Il n'existe pas de texte dans le Code attribuant une réserve à l'ascendant donateur comme tel, nous voulons dire, eu égard à sa qualité d'ascendant donateur ; devant le silence de la loi, nous ne pouvons lui reconnaître cette qualité, puisque la réserve constitue une exception au droit de disposition que le législateur seul peut limiter.

2º Au surplus, les dispositions du Code civil soit au titre des successions, soit au titre des donations sont exclusives de ce droit.

En effet, l'article 747 exige pour que l'ascendant puisse reprendre les biens par lui donnés que ces biens se retrouvent en nature dans la succession. Si donc l'enfant donataire, usant de son droit de disposition, a aliéné à titre gratuit les biens donnés, le droit de retour successoral se trouve par là même éteint ; il n'y a plus, dès ce moment de succession *ab intestat* et partant il ne peut plus être question de droit de réserve.

L'article 915, à son tour, le seul relatif à la réserve des ascendants, montre bien que le législateur n'a nullement songé à l'hypothèse de la succession anomale. Il établit en effet une quotité disponible plus ou moins forte, suivant que le défunt a laissé des ascendants dans une ligne ou dans les deux.

Cette disposition ne saurait s'appliquer à la succession anomale qui ne peut pas comporter de division entre les deux lignes, L'ascendant donateur, en effet, succède à l'exclusion de tous autres (art. 747).

Mais si tous les auteurs sont à peu près d'accord pour déclarer que la succession anomale est exclusive de toute réserve, ils sont loin de s'entendre lorsqu'en présence d'un ascendant appelé à la successsion ordinaire, il s'agit de déterminer quel rôle les biens donnés doivent jouer dans les questions de réserve et de quotité disponible.

D'un côté, l'article 915 permet aux ascendants de recueillir dans le patrimoine héréditaire de leur enfant une portion qu'aucun acte de libéralité ne peut leur enlever, tantôt la moitié, tantôt le quart; et ce quart, cette moitié d'après l'article 922, se calculent et s'imputent sur tous les biens, même sur ceux que le *de cujus* avait de son vivant aliénés à titre gratuit.

De l'autre, l'article 747 permet à l'ascendant donateur de succéder seul et à l'exclusion de tous autres aux objets par lui donnés, lorsqu'ils se retrouvent en nature dans la succession.

Pour arriver à combiner ces deux textes, nous nous trouvons donc, et c'est là la grosse difficulté, en présence de différents droits placés en quelque sorte dans une situation hostile et tous également respectables, savoir :

1° Le droit de réserve des ascendants héritiers de la succession ordinaire fondé sur l'article 915.

2° Le droit des donataires et légataires du défunt fondé sur les articles 915 et 922.

3° Le droit de l'ascendant donateur fondé sur l'article 747.

A cette première difficulté vient s'en ajouter une deuxième : le laconisme du législateur dans les articles 915 et 922, la concision même de l'article 747 qui ne prévoit pas les complications pouvant naître du concours de ces différents droits.

Nous ne devons pas pourtant de prime abord, avec Duranton (1), déclarer que la combinaison de ces deux textes aboutit à des situations inextricables. Il existe une solution à ce problème et puisque le législateur ne la donne point, c'est à nous de la chercher.

Il y a à notre avis, un principe, une idée maîtresse et directrice qui doit prédominer toute cette discussion. Nous ne devrons jamais le perdre de vue parce qu'il sera notre point de repère toutes les fois que nous nous heurterons à une difficulté sérieuse; ce principe, il nous est déjà connu, c'est la distinction et l'indépendance absolue de la succession anomale de l'ascendant donateur aux biens par lui donnés, avec la succession ordinaire des ascendants aux autres biens.

Deux hypothèses bien distinctes sur lesquelles viendront se greffer des situations multiples doivent être examinées.

(1) Duranton, t. VIII, n° 22.

A) L'ascendant donateur n'est pas héritier dans la succession ordinaire.

B) L'ascendant donateur est héritier dans la succession ordinaire.

A) L'ascendant donateur n'est pas héritier dans la succession ordinaire.

Exemple : Primus meurt laissant comme héritiers son père et sa mère et un aïeul donateur. Ce dernier est exclu de la succession ordinaire par le père et la mère. La fortune du *de cujus* est de 1 0,000 francs, 50,000 francs de biens donnés et 50,0 0 francs de biens ordinaires.

a) Les 5 ,000 francs de biens donnés se retrouvent en nature dans la succession.

Si le *de cujus* n'a pas donné ou légué les autres biens, aucune difficulté ne se lève. L'a cendant donateur devant recueillir les biens donnés à l'exclusion de tous autres, reprendra les 50,000 francs et le père et la mère recueilleront les 50,0 0 francs de la succession ordinaire.

Si le *de cujus* a aliéné a titre onéreux les 5 ,000 fr. de la succession ordinaire et a dissipé ensuite les biens qui sont venus les remplacer, aucune difficulté encore. L'ascendant donateur reprendra le 50,0 0 fr. de biens donnés : le père et la mère n'auront rien.

Ils invoqueraient en vain dans cette hypothèse leur droit de réserve contre l'ascendant donateur, il ne peut être question de réserve que lorsque le défunt a fait des libéralités soit par acte entre vifs, soit par testament (art. 913, 915, 921). Or, ici le défunt n'a fait aucune libéralité, il a aliéné à titre onéreux les 50,000 francs de la succession ordinaire et a dissipé leur équivalent.

Que reste-t-il donc? Que le père et la mère sont hérttiers seulement dans la succession ordinaire où ils ne se trouve plus rien et que n'étant pas héritiers vis-à-vis des biens donnés par l'ascendant ils ne sauraient être quant à ces biens, des héritiers réservataires (art. 915).

Mais si le *de cujus* a donné ou légué les 50,000 francs de la succession ordinaire, alors apparait la difficulté.

Quel va être le disponible et par conséquent quelle va être la réserve et sur quels biens se calculeront-ils?

Rappelons le principe formulé plus haut : indépendance absolue de la succession anomale et de la succession ordinaire.

Par application de ce principe, nous ferons donc abstraction dans le calcul de la réserve et de la quotité disponible des biens composant la succession anomale et nous n'y ferons contribuer que les biens personnels du *de cujus*.

En conséquence l'ascendant donateur reprendra ses 50,000 francs.

La quotité disponible est de 25,000 francs et la réserve des père et mère de la même somme, ceux-ci feront donc réduire de moitié c'est-à-dire de vingt-cinq mille francs, les donations ou legs.

Si on avait compris dans la masse les biens donnés, elle eût été de 100,000 francs et le disponible de 50,000 francs.

b). Les biens donnés ne se retrouvent pas en nature dans la succession.

En conservant l'exemple posé plus haut, nous supposerons que le *de cujus* a donné individuellement *in specie*, les 50,000 francs qu'il avait reçus de son aïeul et en outre 25,000 francs de ses biens personnels.

Il n'y a plus ici de succession anomale. Le *de cujus* usant de son droit a disposé des biens donnés. L'aïeul n'a donc rien à reprendre.

Mais sur quels biens faudra-t-il calculer la réserve et la quotité disponibles ?

Le principe de l'indépendance des deux successions est-il applicable ? Non, puisqu'il n'y a plus de succession anomale.

Il faudra dès lors, faire une seule masse des biens donnés et des biens personnels, et opérer le calcul sur l'ensemble des biens existants et de ceux dont le défunt a disposé par donation entre vifs ou par testament.

La masse comprendra donc 50,000 francs de biens personnels, 50,000 francs de biens donnés. Au total 100,000 francs.

D'où la quotité disponible sera de 50,000 francs et la réserve de la même somme.

Le père et la mère n'ayant reçu que 25,000 francs pourront par suite faire réduire de 25,000 francs les donations et legs.

c). Une partie seulement des biens donnés se retrouve en nature dans la succession.

Il suffit dans cette hypothèse de combiner les règles que nous avons appliquées dans les deux hypothèses précédentes.

En nous reportant toujours à notre exemple. nous supposerons que le *de cujus* a donné entre-vifs la moitié de ce qu'il avait reçu de son aïeul, c'est-à-dire 25,000 francs et 20,000 francs de biens personnels. Il laisse, par conséquent dans sa succession 30,000 fr. de biens personnels et l'autre moitié des biens donnés ou 25,000 francs.

Il est incontestable que l'ascendant reprendra cette seconde moitié qui se trouve en nature dans la succession.

Mais comment calculer la quotité disponible et la réserve ? Toujours en vertu de notre même principe : indépendance absolue des deux successions : il y a succession anomale pour une moitié des biens donnés, cette moitié par conséquent ne devra pas entrer en ligne de compte pour ce calcul; il n'y a pas succession anomale pour l'autre moitié laquelle, de ce fait, devra être ajoutée à la masse des biens personnels.

Nous aurons donc : Biens personnels : 50,000 fr.
Biens donnés... : 25,000 fr.

Au total........ : 75,000 fr.

La réserve du père et de la mère sera donc de $\frac{75000}{2}$ = 37,500 francs.

Ne trouvant que 30,000 francs, ils demanderont

une réduction de 7,500 francs sur les donations et
les legs.

Jusqu'ici nous nous sommes placé dans des hypothèses où le *de cujus* ayant disposé *in specie*, on
savait toujours d'une façon certaine quels étaient
parmi les biens, soit les biens donnés, soit les biens
personnels, ceux qui avaient fait l'objet de la dispo-
position. — Mais cette certitude est loin d'être toujours absolue; et, lorsque le *de cujus* n'a pas déterminé *in specie* les objets dont il entend disposer,
quand, par exemple, il a fait des libéralités univer-
selles ou à titre universel, des dispositions *in genere*
ou de quantité, une difficulté se lève sur le point de
savoir s'il faut considérer ces dispositions comme
portant sur les biens donnés et dans quelles limites.

On voit facilement l'intérêt de la question au point
de vue du calcul de la quotité disponible et de la
réserve.

D'après M. Demolombe, pour trancher cette difficulté, il faut partir de ce principe, que ces dispositions étant par leur nature une charge de tout le
patrimoine, elles doivent porter sur tous les biens
donnés et personnels, dans la proportion de leur
valeur respective.

Nous ne pouvons que nous ranger à l'opinion de
l'éminent jurisconsulte.

Si donc, le *de cujus* a légué une moitié ou un tiers
de tous ses biens, il faudra comprendre dans ce

legs, les biens donnés comme les biens personnels, chacun dans la proportion de leur valeur respective.

Exemple : le défunt a fait un legs de la moitié des biens qu'il laissera après sa mort et il laisse à son décès 100,000 francs de biens personnels et 20,000 fr. de biens donnés. Ce legs portera donc indistinctement sur les biens donnés et sur les biens personnels dans la proportion de 1 à 5, c'est-à-dire que les biens personnels contribueront au paiement de ce legs jusqu'à concurrence de 50,000 francs, et les biens donnés jusqu'à concurrence de 10,000 fr. ; les 10,000 fr. restants de biens donnés retourneront à l'ascendant donateur à titre de succession anomale

Si le *de cujus* a fait un legs universel, tous ses biens sont atteints par ce legs et la succession anomale ne peut plus s'ouvrir. Le légataire doit donc tous les recueillir, sauf ce qui est distrait au profit des réservataires; l'ascendant donateur n'appartenant pas à cette classe, ne saurait venir à la succession.

Quid, si le défunt a légué tout ce dont la loi lui permet de disposer, s'il a, par exemple, fait un legs ainsi conçu : « Je lègue à Pierre toute ma quotité disponible. »

Il est incontestable que ce legs affecte également tous les biens de la succession du *de cujus*. — Bien plus, il n'existe plus ici de biens anomaux, puisque les biens donnés rentrent par l'effet de leur disposition dans la succession ordinaire. Si donc il y a un réservataire, le père par exemple, il prendra le quart

de la masse totale sans distinction et tout le reste ira
au légataire, car tout le reste est disponible.

Il est presque inutile de dire que la succession
anomale s'ouvrirait pour le tout, sans entrer en ligne
de compte dans le calcul du disponible, si le legs
étant de tout ou partie des meubles, les biens donnés
par l'ascendant étaient tous immobiliers ou réciproquement.

Quant aux legs de sommes d'argent, ils constituent
des dettes ou des charges de la succession auxquelles l'ascendant donateur doit contribuer pour une
part proportionnelle à la valeur des biens par lui
donnés.

D'après un deuxième système, ce n'est point le
principe et l'indépendance absolue des deux successions anomale et ordinaire, qui doit servir de point
de départ dans la combinaison des règles de la succession anomale, avec celles de la réserve, mais bien
le principe de l'unité du patrimoine ; et on invoque,
à l'appui de cette doctrine, les termes de l'article 922
ainsi conçu : « La réduction se détermine en formant
une masse de tous les biens existants au décès du
donateur ou testateur, etc .. »
Pour déterminer la réduction que doivent subir les
libéralités du défunt, on doit donc former la masse
de tous les biens existants au moment du décès du

donateur ou du testateur. Or, les biens donnés existent dans la succession. Donc la quotité disponible
doit se calculer sur l'ensemble des biens sans distinction aucune.

Telle est la doctrine enseignée par MM. Aubry et
Rau, Vernet et Berzy (1).

Avec la majorité des auteurs, nous repoussons ce
système, à cause de son point de départ et surtout à
raison des conséquences qu'il entraine.

Il n'est pas vrai, en effet, de dire que l'article 922
soit violé. Si ce texte exige pour opérer la réduction
des libéralités faites par le défunt, que l'on tienne
compte de tous les biens existants au moment du
décès, il entend parler uniquement des biens qui
doivent la réserve, de ceux qui composent la succession ordinaire ; les biens qui constituent la succession anomale sont donc en dehors de ce texte,
puisque à l'instant même où s'ouvre la succession,
ces biens par l'effet du droit de retour, reviennent
immédiatement à l'ascendant donateur et ne peuvent plus être compris dans la succession du donataire.

Mais ce système est surtout défectueux par les
conséquences qu'il entraine.

Reprenons notre exemple : La fortune du *de cujus*
est de 100,000 francs, 50,000 francs de biens donnés

---

(1) Aubry et Rau sur Zachariæ, t V, p. 695. — Vernet, p. 546.
— Berzy, *Revue du droit français et étranger*, 1847, t. IV, p. 486.

et 50,000 francs de biens personnels dont il a disposé *in specie* à titre gratuit. D'après MM. Aubry et Rau, la quotité disponible étant toujours calculée sur tous les biens donnés ou personnels, cette quotité sera ici de 50,000 francs. Le *de cujus*, par conséquent, en disposant de cette somme, n'a pas excédé les limites de son droit, et les bénéficiaires de cette disposition devront en conserver l'intégralité.

Mais sur quels biens vont se faire payer les légataires et quelle va être la réserve des ascendants?

La réserve, disent MM. Aubry et Rau, ne pouvant être prise sur la succession anomale, devra se calculer défalcation faite des biens donnés formant l'objet du droit de retour. On la déterminera donc en tenant compte seulement de la succession ordinaire, c'est-à-dire des 50,000 francs, et elle sera de la moitié de cette somme ou 25,000 francs.

Mais comme d'une part on ne peut attribuer intégralement à l'ascendant donateur les cinquante mille francs de biens donnés, sans anéantir la réserve des père et mère, comme d'autre part, on ne peut les attribuer à ceux-ci, à titre de réserve, sans violer l'article 747, on résout la difficulté de la façon suivante: les père et mère s'adresseront aux légataires et les feront réduire de vingt-cinq mille francs. Les légataires, à leur tour, se retourneront contre l'ascendant donateur, pour le faire réduire de la même somme. En définitive, la quotité disponible sera supportée moitié par la succession anomale et moitié par la succession ordinaire.

Devant un pareil résultat, on aperçoit bien vite la faiblesse de ce système.

1° Il est d'abord en opposition formelle avec l'article 922, car, il ne calcule pas de la même façon la réserve et la quotité disponible, prenant pour base de la première les biens personnels seulement et calculant au contraire la seconde sur les biens donnés et sur les biens personnels. Or, toutes les dispositions du Code civil relatives à cette matière nous démontrent qu'il y a corrélation absolue entre ces deux éléments : si la quotité disponible est de la moitié des biens, la réserve doit être de l'autre moitié, car elles sont les deux parties d'une même unité. En un mot, ce qui n'est pas disponible est réserve et réciproquement.

Si donc pour déterminer la réserve, on ne tient compte que des biens personnels du disposant, il faudra prendre ces mêmes biens comme base dans le calcul du disponible.

Inversement, si on calcule la quotité disponible sur les biens donnés et personnels, sur eux également il faudra calculer la réserve.

2° Ce système, ensuite, viole l'article 747. D'après ce texte, en effet, l'ascendant succède à l'exclusion de tous autres à tous les biens donnés qui se retrouvent dans la succession du donataire.

MM. Aubry et Rau prétendent que leur solution a pour résultat de concilier les intérêts des légataires et ceux des héritiers ; c'est possible, mais c'est là une conciliation que l'on ne peut admettre, car elle sacri-

fie de la façon la plus arbitraire le droit de l'ascendant.

Celui-ci ne doit être tenu de contribuer aux dettes
et charges de la succession qu'autant que ces dettes
et charges pèsent à la fois et sur les biens donnés et
sur les biens personnels, et il en est ainsi lorsque le
de cujus a disposé de ses biens personnels, *in specie*,
en laissant intacts les biens à lui donnés.

MM. Bezy et V· rnet, partant du même principe de
l'unité du patrimoine, calculent d'une autre façon la
quotité disponible et la réserve. Nous croyons inutile
d'insister sur leur système qui pêche comme le précédent, par son point de départ et aboutit comme lui
à des conséquences inadmissibles.

B) L'ascendant donateur est en même temps héritier dans la succession anomale et dans la succession
ordinaire.

Ici encore, le principe formulé plus haut : indépendance absolue des deux successions, va nous ser--
vir de guide pour la solution des difficultés qui peuvent se présenter.

Si donc la succession anomale s'ouvre à côté de la
succession ordinaire, parce que le *de cujus* n'a pas
disposé du tout ou n'a disposé qu'en partie des biens
donnés, c'est sur la succession ordinaire seule que
doit porter le calcul de la quotité disponible et de la
réserve.

Si, au contraire, la succession anomale ne s'ouvre pas parce que tous les biens donnés ont été l'objet d'une disposition à titre gratuit, la réserve s'imputera sur tous les biens du *de cujus* sans distinction, car il n'y a plus, ici, qu'une seule masse de biens, une succession unique (1).

Exemple : le *de cujus* laisse 100,000 francs; 50,000 francs de biens personnels qu'il a légués ou donnés, 50,000 francs de biens à lui donnés par son père qui se retrouvent en nature dans la succession et libres de toute disposition.

Il a comme héritiers son père et sa mère.

La succession anomale va donc s'ouvrir à côté de la succession ordinaire.

En vertu de notre principe, le père aura sa réserve calculée sur les biens personnels, c'est-à dire le quart de 50,000 francs ou 12,500 francs qu'il pourra demander par voie de réduction contre les donataires et les légataires. Il recueillera seul, en outre, à titre d'ascendant donateur, les 50,000 francs de biens par lui donnés.

La réserve de la mère calculée pareillement sur les biens personnels sera de 12,500 francs.

En définitive, par conséquent, le père aura 62,500 francs et la mère 12,500 francs.

Les partisans du principe du l'unité du patrimoine et avec eux certains des auteurs qui soutiennent,

---

(1) Demolombe, t. II, n° 139. — Laurent, t. XII, n° 34. — Trezel 456 et 457.

comme nous, le principe de la distinction des deux
successions, lorsque l'ascendant donateur n'est pas
appelé à la succession ordinaire, calculent d'une autre façon.

D'après eux, dans l'exemple ci-dessus, la réserve
du père sera calculée sur la masse totale des biens
donnés et des biens personnels. Elle sera donc le
quart de 100,000 francs ou 25,000 francs.

Celle de la mère, calculée seulement sur les biens
personnels, sera de 12,500 francs. Ainsi le père aura
50,000 plus 25,000 égale 75,000 francs, et la mère
12,500 francs (1).

Nous repoussons ce mode de computation, car il
aboutit à créer au profit du père une double réserve,
une première réserve sur les biens par lui donnés
et une deuxième sur les biens personnels.

Or, nous avons démontré que la succession anomale
est par sa nature même exclusive de toute réserve.

Nous ne saurions mieux cloré cette discussion, un
peu longue peut-être, qu'en rapportant deux propo-
sitions formulées par M. Trézel.

Elles forment un résumé de la théorie que nous
venons de soutenir et que nous croyons seule exacte;
elles sont ainsi conçues :

PREMIÈRE PROPOSITION. — Quand il y a lieu à la
succession anomale, il ne peut jamais être question
de réserve quant à elle.

Le règlement de la quotité disponible et de la ré-

---

(1) Delvincourt, t. II, p. 19, note 5. — Demante, t. IV, nº 52 *bis*,
X. — Grenier, t. II, nº 598. — Toullier, t. II, nº 129.

serve dans la succession ordinaire lui est complètement étranger.

D'où pour calculer ce disponible et cette réserve,
on ne peut réunir les biens qui composaient la succession anomale aux biens de la succession ordinaire puisqu'ils n'en font pas partie, ni les faire contribuer d'une façon quelconque au paiement de ce
disponible. La succession ordinaire seule doit le
fournir.

DEUXIÈME PROPOSITION. — Quoiqu'il y ait eu des
biens donnés par un ascendant, il n'y a pas lieu à la
succession anomale, soit parce qu'en raison de la disposition à titre gratuit de ces biens donnés la condition que la loi met à son existence fait défaut, soit
parce que l'ascendant donateur renonce à son droit
ou bien est incapable ou indigne de l'exercer ; le
principe de l'unité du patrimoine reparait et dès lors
sans distinction, le calcul de la réserve et de la quotité disponible s'effectue sur la totalité des biens,
comme s'il n'y avait jamais eu de biens donnés (1).

(1) *Pandectes : Donat et Test.*, I, p. 325.

APPENDICE

_____

Comparaison du retour légal et du retour conventionnel.

Tandis qu'un donateur ordinaire faisant une donation entre vifs est obligé s'il veut reprendre son bien pour le cas où le destinataire mourrait avant lui de stipuler par une clause expresse le droit de retour, l'ascendant peut bien, s'il le veut, faire cette stipulation (et il n'est pas rare de la rencontrer dans les contrats de mariage), mais dans le cas où il ne l'aurait point faite, le législateur vient suppléer à cette omission en lui accordant de plein droit le retour sur le bien donné.

Le retour conventionnel dépend donc de la volonté du donateur. Le retour légal a sa source dans la loi elle-même

Il semble par conséquent, de prime abord, que ces deux espèces de retour se distinguant uniquement par le fait de leur naissance, doivent présenter les mêmes caractères et entraîner des conséquences semblables. Telle n'est point la vérité.

Le retour conventionnel de l'article 951 stipulé dans une donation est une convention affectée d'une condition résolutoire. La condition c'est le prédécès du donataire.

Le retour légal de l'article 747 constitue comme nous l'avons vu un véritable droit de succession.

De là entre eux des différences essentielles et multiples :

1° L'ascendant ne peut, du vivant du donataire, ni renoncer à son droit ni le vendre (art. 791-1600).

Le donataire peut le vendre et y renoncer.

2° L'ascendant transfère au donataire une propriété définitive et incommutable, ce qui permet au donataire de disposer irrévocablement de la chose donnée.

Le donateur ayant stipulé le retour ne transfère pas au donataire une propriété définitive et incommutable. Celui-ci n'est propriétaire que sous condition résolutoire ; si donc il vient à décéder avant le donateur, ce dernier est considéré comme n'ayant jamais cessé d'être propriétaire et en vertu du principe que *nemo plus juris transferre potest, quam ipse habet*, cette résolution produit son effet non seulement entre les parties mais encore à l'égard des tiers.

3° L'ascendant n'a aucun droit sur les biens aliénés par le donataire, à moins toutefois qu'il n'existe une action en reprise.

Le donateur peut reprendre les biens qu'il a donnés, soit dans le patrimoine du donataire décédé, soit même entre les mains des tiers acquéreurs, sans préjudice toutefois de la règle, en fait de meubles, possession vaut titre.

4° L'ascendant est obligé de respecter tous les droits réels, servitudes et hypothèques, dont le donataire aurait affecté les biens donnés.

Le donateur, au contraire, les reprend francs et quittes de toutes charges, sauf l'exception de l'article 952 relative à l'hypothèque de la dot et des conventions matrimoniales.

5° L'ascendant doit contribuer au paiement des dettes.

Le donateur reprend les biens par lui donnés sans être tenu en quoi que ce soit de contribuer au paiement des dettes du donataire.

6° L'ascendant n'a aucune action et n'a droit à aucune indemnité contre les héritiers du donataire à raison des détériorations et de la perte des biens donnés survenues par le fait et la faute de ce donataire.

Le donateur a une action.

Si ces deux espèces de retour sont essentiellement distincts par leur caractère et leurs conséquences, ils ont été néammoins inspirés l'un et l'autre par le même mobile, encouragement dans la voie de la générosité, et ils visent tous les deux le même but, faire retourner les biens dans le patrimoine qui les a fournis.

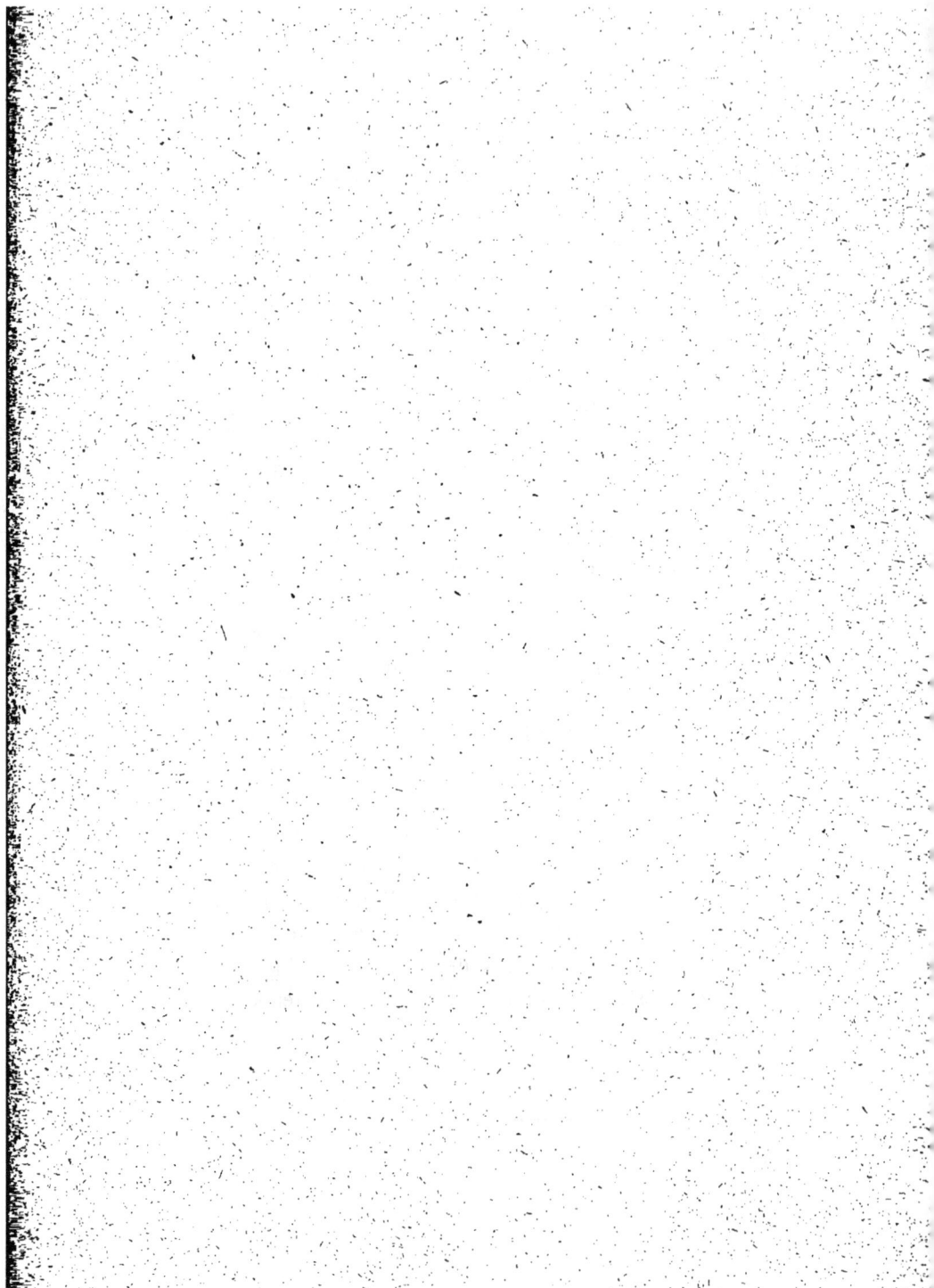